이원수 선생님이 들려주는

해상왕 장보고

이원수 선생님이 들려주는

해상왕 장보고

이원수 글 · 허구 그림

산하

| 들어가는 말 |

새로운 세상을 개척하는 사람

우리나라 지도를 살펴보세요. 여러분도 잘 알고 있듯이 우리나라는 삼면이 바다로 둘러싸여 있는 반도입니다. 북쪽은 아시아 대륙과 붙어 있고 서쪽, 동쪽, 남쪽이 모두 바다로 둘러싸여 있지요. 이렇게 반도로 된 나라는 유럽에도 여럿 있습니다. 그리스, 이탈리아, 스페인 같은 나라들이지요.

역사를 살펴보면 이런 나라들은 힘이 강할 때에는 크게 발전했지만, 힘이 약해지면 곧 주변 나라의 침략을 받았습니다. 대륙과 바다를 이어 주는 교통 중심지이기 때문입니다.

우리나라도 힘이 강할 때에는 주변 나라의 문물은 물론 멀리 인도나 아라비아와도 교역을 했습니다. 그러나 힘이 약할 때에는 다른 나라의 침략을 당했습니다. 그래서 다른 나라와 수없이 전쟁을 한 거지요.

반도에 자리 잡은 나라들이 힘이 세지는 것은 바다를 이용한 교역

을 활발하게 할 때였습니다. 신라, 백제, 고구려, 고려, 조선도 바다를 지키고 잘 이용할 때 나라가 발전했습니다. 조선이 가장 발달했던 세종대왕 때에는 일본의 대마도(쓰시마)까지 정벌했지요. 그런데 우리 역사에서 바다의 중요성을 알고 가장 잘 이용한 사람은 장보고가 으뜸일 것입니다.

장보고는 남쪽 바닷가 마을에서 태어나고 자랐습니다. 평범한 집안 출신이었지만, 꿈은 아주 컸지요. 장보고는 낮은 신분 때문에 신라에서는 성공할 수 없다고 생각하고, 어린 나이에 당나라에 건너가 무과에 급제해서 장수가 되었습니다.

하지만 장보고는 조국을 잊지 않았습니다. 그래서 당나라에서 얻은 높은 지위도 내려놓고, 신라로 돌아와서 바다를 지키고 이용해서 나라의 힘을 키웠습니다. 어린 소년 소녀들을 노예로 파는 해적들을 물리치고, 백성들이 마음놓고 무역을 할 수 있게 한 것입니다.

장보고는 정치 싸움에 잘못 말려들어서 비열한 귀족들의 음모로 암살당합니다. 그러나 자신을 얽어매고 있던 어려운 환경을 뛰어넘고 꿈을 이루어 낸 장보고의 삶은 우리에게 좋은 본보기가 됩니다.
　지금 우리나라는 세계에서도 배를 잘 만들고 많이 만드는 나라가 되었고, 무역량도 세계에서 10위권 안으로 들어섰습니다. 이제 우리 손으로 만든 커다란 배들이 장보고가 활동했던 바다에서 수없이 떠다니고 있습니다.
　앞으로도 우리나라가 계속 발전하려면 바다를 잘 이용해야 합니다. 막혀 있는 휴전선을 열고 대륙으로도 마음껏 뻗어 나가야 합니다. 그래서 우리 한반도가 태평양과 아시아 대륙의 무역과 교통을 잇는 중심지가 되어야 합니다.
　이런 세상은 그냥 이루어지는 것이 아닙니다. 장보고가 어릴 때부터 넓은 세계로 나가겠다는 소망을 품었듯이, 여러분도 넓은 세상으로 나아가 당당하게 어깨를 겨루겠다는 꿈을 꿀 때, 우리나라는 세계의 중심으로 우뚝 설 수 있습니다.

  나는 여러분이 이 책을 천 년 전 신라 시대에 있었던 일로만 여기지 말고, 지금의 꿈과 연결해 생각하면서 읽어 주기를 바랍니다. 그리하여 어린 시절의 장보고처럼 어떤 어려움도 이겨 내고 새로운 세상을 개척하는 사람이 되기를 소망합니다.

다시 새봄을 맞으며
이주영

| 차 례 |

들어가는 말
새로운 세상을 개척하는 사람 ● 04

파도 속에서 자란 소년 ● 10
당나라로 가는 길 ● 28

당나라에서의 생활 ● 39

어린 노예들 ● 52

소년 소녀들을 데리고 고국으로 ● 68

청해진 대사 ● 73

바다의 왕자 ● 87

왕가의 다툼 속에서 ● 93

반역 ● 102

지켜지지 않은 언약 ● 112

슬픈 최후 ● 119

파도 속에서 자란 소년

쏴아 쏴아······.

우르릉 철썩······.

바다는 수천수만의 입을 열어 소리치고 있는 것 같습니다. 수천수만의 발로 달려오는 것 같습니다.

아득한 수평선, 하늘과 맞닿은 먼 곳에서 줄줄이 달려오는 파

도. 그 파도들의 아우성. 육지에 와서 바위에 부딪쳐 깨어지는 허연 물보라.

한 소년이 바위 위에 다리를 벌리고 서서 먼 바다 끝을 바라보고 있었습니다.

남해의 푸른 바다. 그 뛰는 물결을 바라보고 있는 소년의 가슴이 부풀어 오릅니다. 물결처럼 일렁거립니다.

날아오는 갈매기처럼 하늘로 솟구쳐 오르는가 하면, 멀리 포구 밖으로 달리는 배를 따라 끝없는 먼 나라로 줄달음칩니다.

소년은 생각난 듯 옷을 벗어 던지고 알몸뚱이가 되어 물고기처럼 물속으로 뛰어듭니다. 팔다리를 힘차게 휘저어 물을 가르며 헤엄쳐 갑니다.

파도가 소년을 덮치며 수없이 지나갑니다. 거센 파도에도 굴하지 않고 소년은 바다 깊은 데로 쑥쑥 밀고 나아갑니다.

소년은 끝없는 바다를 보며 자랐습니다. 강보에 싸여 있을 때부터 바닷소리를 들으며 자랐습니다. 늘 보는 바다라 신기할 것도 없고 두려울 것도 없었습니다. 그러나 소년은 바닷가에서 먼 수평선을 바라볼 때면 가슴이 울렁거렸습니다. 끝없는 희망에 차서 물에 뛰어들어 헤엄을 치거나, 배를 타고 힘껏 노를 저어야 했습니다. 가만히 있을 수가 없었습니다.

고기잡이나 하는 작은 배가 아닌 큰 배를 타고 먼 나라에까지 가 보고 싶었습니다. 그러나 그럴 수가 없는 것이 한이요, 또한 앞날의 커다란 희망이기도 했습니다.

몇 개나 돛을 단 저 배는 어디에서 어디로 가는 배일까? 저런 큰 배에는 어떤 사람들이 타고 있을까?

이런 생각을 하며 바위 위에 올라와 쉬고 있을 때였습니다. 뛰

노는 물결을 바라보고 있노라니 물속에서 사람의 머리 같은 것이 흘낏 보였습니다. 그러나 곧 사라지고 흰 거품이 되어 흩어졌습니다.

소년은 눈이 둥그레져서 바닷물을 지켜보았습니다.

'사람 머리를 본 것 같은데……. 내가 헛것을 보았나?'

소년은 배가 뒤집혀 물에 빠져 죽은 사람을 본 일이 있습니다. 그러나 그것은 큰 나불(놀: 바다에 큰 파도가 쳐서 육지로 물이 넘치는 일)이 있을 때에나 있지, 보통은 없는 일입니다.

그렇다면 이건 혹시 귀신이 아닐까? 소년은 고개를 저었습니다. 귀신이 있을 리 없다고 고쳐 생각한 것입니다.

이때, 저쪽에서 휘말려 오는 물결 속에 또 머리가 우뚝 솟았습니다. 확실히 사람의 머리였습니다. 자세히 보려고 하니 그 머리는 또 물속으로 들어가 버렸습니다.

'이상하다. 죽은 사람이면 몸뚱이가 물에 뜨든지, 아니면 아주 가라앉든지 할 텐데…….'

그런데 이번에는 소년의 뒤쪽에서 겁에 질린 사람의 목소리가 났습니다.

"궁복아! 궁복아아!"

금세 숨이 넘어가는 듯한, 그러면서도 있는 힘을 다 써서 발악하듯 지르는 소리였습니다.

소년이 휙 뒤를 돌아보았으나 아무도 없었습니다. 이상했습니다. 뒤편에서도 파도만이 출렁이고 있었습니다.

"궁복아! 궁복아!"

이번에는 오른쪽에서 그 귀신 같은 소리가 났습니다. 또 휙 돌아보았습니다.

"아하하하!"

물속에서 두 손을 번쩍 들며 쑥 윗몸을 드러낸 사람은 소년의 동무인 연이었습니다.

연이가 언제 물에 들어왔는지도 모르게 물속을 헤어 곁에까지 와서 그를 놀려 준 것이었습니다.

"하하하하. 내가 속았어. 이리 올라와!"

소년이 웃으며 손짓을 했습니다. 궁복이라고 불리는 소년과 연이라는 소년은 마을에서도 가장 가까운 사이였습니다.

궁복이와 연은 바위 위에 나란히 앉았습니다.

"뭘 생각하고 있었어? 멍하니 서 있길래 좀 놀래 주려 하다가 가엾어서 그만뒀다."

연이가 웃는 낯으로 말했습니다.

"네게 놀랄 내가 아니지. 호박 같은 머리통이 떴다 가라앉았다 하길래 건져 갈까 하다가 호박치고는 작아서 그만뒀다."

"작은 건 애호박이지. 애호박이 얼마나 맛이 좋다구."

두 소년은 마주 보고 웃었습니다.

"얘. 그건 그렇고, 난 자꾸만 먼 데까지 가 보고 싶어서 못 견디겠구나."

궁복이 심각한 얼굴을 하며 말했습니다.

"어딜?"

"먼 나라 말이야."

"먼 나라라면 외국 말이냐?"

"그래. 난 큰 배를 타고 외국에 가 봤으면 하는 거야."

"외국이라면 어느 나라 말이냐?"

"당나라에 가 보고 싶어. 당나라는 세상에서 크기로 이름난 나라가 아니냐. 그런 나라에서는 어떻게들 살고 있을까? 아마도 우리들보다는 잘살 거야. 여러 가지 신기한 일도 많을 거고······."

궁복의 말에 연은 가볍게 대꾸했습니다.

"궁복아. 그런 생각만 하지 말고 헤엄이나 치자. 먼 나라에 가려면 장기가 있어야 해. 헤엄도 잘만 치면 외국에 가서도 쓰일 때가 있을 거야. 우리 저 큰 섬까지 헤엄쳐 가자꾸나."

연의 말에 궁복은 귀가 솔깃했습니다. 먼 나라에 가려면 무엇이든 재주가 있어야 할 것이고. 헤엄을 잘 치는 것도 재주이니 필요할지 모릅니다.

큰 섬까지는 자그마치 이십 리 거리였습니다. 그곳은 집이라고는 몇 채밖에 없었지만. 푸른 나무로 뒤덮여 있어서 보기에도

아름다운 섬이었습니다.

"좋아. 가자. 누가 먼저 섬에 닿나 내기한다!"

"그래라."

두 소년은 바다 저편 이십 리 밖에 있는 섬을 향해 헤엄을 치기 시작했습니다.

밀어닥치는 큰 파도를 가르며 헤엄치는 두 소년의 모습은 마치 날랜 물고기와도 같았습니다.

파도는 거세었습니다. 산더미같이 달려드는 파도가 헤엄치는 소년들을 높이 들어올렸다가는 깊숙한 물결의 골짜기로 내려뜨렸습니다.

내렸다가는 올라가고 올랐다가는 내리박히며 두 소년은 한결같이 헤엄을 쳤습니다.

궁복은 한참을 가다가 헤엄치는 것이 저 혼자임을 알았습니다. 연이가 보이지 않았습니다.

높은 물결을 타고 오르내리는 동안 두 소년의 거리가 자연 벌어진 것입니다. 이젠 오직 큰 섬을 향해 곧바로 헤엄치기만 하면 됩니다. 그러면 섬에서 만나게 될 것입니다.

햇볕은 쨍쨍 내리쬐고 있었습니다. 따가운 햇볕도 물에 들어 있는 소년에게는 시원하기만 했습니다.

'어서 가서 일 등을 해야지.'

궁복은 이렇게 생각하고는 부지런히 팔다리를 움직여 헤엄쳐 나갔습니다.

사실 헤엄치기에서 궁복은 연을 만만히 볼 수 없는 형편이 아니었습니다. 연은 물에서는 사람이라기보다 물고기 같았습니다. 그렇지만 궁복도 예사 헤엄은 아닙니다. 오늘같이 기분이 나는 날이면 이길 수 있을 것도 같았습니다.

멀리 보이던 큰 섬이 점점 가까워 왔습니다. 검푸르게만 보이던 섬의 소나무들이 낱낱이 떨어져 모습이 자세히 보이기 시작했습니다.

그러나 아직도 연의 모습을 찾을 수가 없었습니다. 좀 이상하다는 생각이 들었습니다. 이렇게 먼 거리를 오는 동안에 한 번도 연이를 볼 수 없었다는 것은 이상합니다.

혹시나 헤엄치기를 하자고 해 놓고 저는 집으로 돌아간 것이 아닐까? 그렇다면 궁복은 혼자 애를 쓰며 헛일을 하고 있는 셈이 됩니다. 그건 괘씸한 노릇입니다. 제출물로(남의 시킴을 받지 않고 제 생각대로) 짜증이 납니다.

이런 생각을 하면서도 궁복은 부지런히 헤엄쳤습니다. 그날은 몸이 거뜬하여 좀체 피로한 줄을 몰랐습니다. 다른 때에는 먼 데를 헤어 가면 팔이 나른해지기가 일쑤였는데, 오늘은 그렇지 않아 기분이 좋았습니다.

혹시나 연이가 훨씬 처져 있을지도 모른다는 생각이 들었습니다. 헤엄치기는 아무래도 연이를 따르지 못하는 궁복이지만, 오늘은 이길 수 있을 것도 같았습니다.

'좀 더 빨리 헤어 가 보자. 오랜만에 연이를 앞질러 이겨 보는 것도 즐거운 일이다.'

궁복은 파도가 머리 위로 뒤집어 덮쳐도 푸우푸우 숨을 뿜으며 헤엄을 쳤습니다.

이윽고 섬에 닿았습니다. 물에서 꺼칠꺼칠한 바위로 기어

올랐습니다. 몸이 무거움을 새삼 느끼며 돌벼랑을 타고 올라갔습니다. 그러고는 연이가 어디만큼 오나, 바다를 바라보았습니다. 그러나 바다에는 푸른 물결만 밀려올 뿐, 연의 모습은 보이지 않았습니다.

한참 동안 물결을 물끄러미 바라보던 궁복이 실망한 듯이 소나무 아래 흰 바위에 걸터앉자, 어디서 하하하하 웃는 소리가 들렸습니다.

"궁복이, 이제 와서 무얼 찾는 거야?"

연이가 저쪽 모래밭에 팔베개를 하고 누워서 부르는 소리였습니다.

"엥이, 먼저 왔구나!"

궁복은 분한 듯 소리쳤습니다.

"아까 왔어."

가까이 가 보니 연은 모래밭에서 몸을 말리면서 오래 누워 있었던 듯, 이마에 땀방울이 송송 나 있었습니다.

"아니, 어떻게 된 거야? 얼마쯤 오다가 보니까 네가 없잖아. 앞서 가는 거라면 보이기라도 할 텐데, 통 보이지가 않던데."

궁복의 말에 연은 어른 같은 소리로 대답했습니다.

"뭐, 네가 물속까지야 볼 수 있을라고. 난 꽤 멀리까지 물속으로 헤어 왔는걸. 그러니까 보이지 않았지."

사실 연은 물속에 잠겨서 헤어 가기를 잘했습니다. 물속에서 헤엄치며 몸을 조금도 물 위에 띄우지 않는 것은 여간 힘드는 일이 아닙니다. 그렇건만 연은 잠수질을 썩 잘했습니다.

궁복은 이 친구를 한결 높이 보았습니다. 물에서는 역시 연이가 날쌔구나 생각했습니다.

두 소년은 섬에서 한참 동안 쉬며 여러 가지 이야기를 주고받았습니다. 그중에서도 가장 중요한 이야기가 외국에 가 보자는 것이었습니다.

외국에 가려면 큰 배를 타야 합니다. 그러나 헤엄 잘 치기로 따를 사람이 없을 연과 함께라면, 작은 배라도 무서울 것이 없을 것입니다. 배가 뒤집히더라도 나무토막 하나만 붙들면 살아날 수 있을 것 같아서였습니다.

"어때? 우리 이런 데서 썩을 것이 아니라. 저 넓은 바다를 건너서 당나라로 가 보자. 거기 가서 무엇이든 하면서 사는 거야. 이런 촌에서 고기잡이나 하며 살아간다는 건 따분하지 않니?"

궁복의 권유에 연이도 마음이 움직였습니다. 고향에 있어 가지고는 기껏해야 어부밖에 될 것이 없었습니다. 신라 천지에도 가려면 갈 곳이야 많겠지만, 이름 없는 어부의 아들로 무슨 큼직한 자리를 얻을 수 있으랴 싶었습니다.

"그래. 네 말이 옳다. 궁복이 너는 헤엄뿐 아니라 활쏘기, 창쓰기도 잘하지 않니? 당나라에 가서 그런 재주를 더 닦아 가지고 무인으로 멋있게 활약해 보는 것도 좋을 거야."

연은 마침내 이렇게 말했습니다.

이날부터 두 소년의 꿈은 크나큰 날개를 얻은 듯 곱고 씩씩하게 펼쳐져 갔습니다. 가슴은 풍선처럼 부풀어 오르기 시작했습니다.

'당나라로 간다! 세상에서 가장 크고 훌륭하다는 나라. 그 당나라로 가는 거야!'

궁복은 어린 마음에 이렇듯 크고 화려한 뜻을 품고 실천하게 된 것이 스스로 대견스럽게 느껴졌습니다. 그리고 바다를 건너갈 준비에 바쁜 나날을 보냈습니다.

두 소년은 단둘이서 먼 길을 가는 것도 멋지지만, 이왕이면 동행이 많은 것이 좋겠다고 생각했습니다. 동행이 많다면 힘을 합하여 좀 더 큰 배를 마련할 수도 있을 것입니다.

여러 사람이 타고 갈 큰 배를 장만할 수 있다면 얼마나 신날까. 넓고 먼 바닷길에 조그만 배는 위험할 것입니다.

두 소년은 당나라로 가고 싶어하는 소년들을 모으기로 했습니다. 간이 작은 아이들은 꿈에도 생각지 못할 여행이라. 대담하고 호기심 많은 아이들을 찾아야 했습니다.

이 마을 저 마을로 그런 아이들을 찾아다녔습니다. 처음에는 농담으로 듣던 아이들이 두 소년의 진지한 이야기에 귀를 기울여 같이 가자고 나서기 시작했습니다. 두 명, 세 명……. 나중엔 다섯 명이 되었습니다. 이제는 궁복과 연까지 모두 일곱이 되었습니다.

이만하면 서로 힘을 믿고 마음 든든히 항해를 할 수 있을 것 같았습니다.

당나라로 가는 길

배가 준비되었습니다. 그리 크지는 않으나 일곱 사람이 타고 갈 만한 배였습니다. 서투른 뱃사람이라면 두려워하겠지만, 바다 위에서 두려움을 모르는 소년들이라 배가 크지 않다고 해서 머뭇거리지는 않았습니다.

이런 배를 소년들에게 빌려 줄 리가 있겠습니까. 이 소년들은 배로 가까운 바다를 한 바퀴 돌고 온다는 거짓말을 했던 것입니다.

어른들에게 당나라로 간다는 것은 절대 비밀로 했습니다. 그걸 사실대로 이야기하는 날에는 부모님에게 붙들려 주저앉게 될 테니, 거짓말을 하는 것도 하는 수 없는 일이었습니다.

이제는 양식 준비입니다. 넓은 바다를 건너는 데에는 충분한 식량이 필요합니다. 일곱 소년이 제각기 준비하여 모으니 식량도 충분했습니다.

소년들은 편지를 썼습니다. 죽음을 앞두고 유서를 쓰듯. 먼 당나라로 간다는 것과 거기 가서 성공하여 돌아올 것이라는 이야기를 써서 부모와 가족을 위로하기로 한 것입니다. 그리고 그 편지를 집안사람들 모르게 두고 배에 올랐습니다.

바람 없는 아침. 바다에는 잔물결만 찰랑거리고 있었습니다. 일곱 소년이 탄 배가 돛을 올렸습니다. 바람기가 없어 모두 함께 노를 저었습니다.

"어기여차! 영차!"

노랫소리도 우렁차게 노를 젓는 소년들의 가슴은 뛰었습니다. 마을 사람들이 웃으며 배웅하는 것을 보고 소년들은 더러 눈물을 질금거리기도 했습니다.

언제 돌아올지 모르는 길입니다. 하지만 마을 사람들은 모르고 있었습니다. 어머니, 아버지에게도 말하지 않고 떠나는 먼 길이었습니다.

기쁨으로 뛰는 가슴 한구석에 눈물을 솟게 하는 이별의 슬픔 같은 것이 없을 수 없었습니다.

그러나 이런 생각을 해서는 안 되는 것이었습니다. 소년들은 당나라로 간다는 벅찬 기쁨을 앞세워야 했습니다.

마을이 점점 멀어지고 배가 포구를 나와 넓은 바다에 이르렀을 때, 소년들은 큰 소리로 노래를 불렀습니다.

가자 가자 우리 용사
물길 만 리 머나먼 곳
에여라디여 에여라차!

궁복이 첫머리를 부르면 다른 소년들이 목소리를 돋우어 후렴을 불렀습니다.

바람아 씽씽 배를 밀어라
당나라로 우리는 간다
에여라디여 에여라차!

바람을 가득 안은 돛단배는 쏜살같이 바다를 미끄러져 갔습니다. 육지가 점점 멀어져 가고, 얼마 지나자 사방이 끝간 데 없는 물이었습니다. 내 나라 땅이 아득히 물 저편에 사라져 안 보이게 되니 소년들의 마음도 외로운 길손처럼 가라앉았습니다. 이제는 정말 먼 길에 나섰구나 하는 생각이 드는 것이었습니다.

이제부터는 예전처럼 부모나 형제의 따스한 품에 안겨 살아갈 수 없습니다. 독립한 한 사람으로 살아가야 하는 것입니다.

어디를 보나 물, 또 물뿐입니다. 이 물을 건너서 머나먼 저편에 다다르면 나타날 당나라 땅의 화려한 풍경이 눈에 어립니다. 거긴 과연 어떤 곳일까? 모르지만 어렴풋이 마음속으로 그려 보는 것입니다.

일곱 소년은 제각기 배에서 할 일을 맡고 있었습니다. 키를 잡는 아이, 돛을 보는 아이, 먹을 음식을 장만하는 아이……. 그 가운데서도 궁복은 모든 일을 두루 살피고 지휘하는 총지휘관이었습니다.

파도치는 바다에서 날이 저물어 갔습니다. 해는 바다 저편에 빠져 들어가고, 뱃전을 치는 물결 소리에 싸여 바다는 어둠에 잠겼습니다.

달리는 배에서 저녁을 먹는 소년들의 모습이 모두 씩씩해 보였습니다. 어둠과 거센 파도 속에서 밤을 새우는 것입니다. 이제는 나이 어린 소년이라기보다 씩씩한 선원들입니다. 어느 한 아이도 마음 약한 소리를 하지 않았습니다.

밤이 깊어 가고, 하늘에는 별이 유난히 빛났습니다. 마을에서 보던 북두칠성. 그 일곱 개의 별이 소년들을 지켜 주는 것 같았습니다.

"어때, 우리도 일곱, 북두칠성도 일곱이 아니냐?"

"그렇다. 저 큰 북두칠성은 궁복이야. 그리고 그 다음 별은 연이다."

한 소년이 이렇게 말하자, 모두 북두칠성을 우러러보며 그 별들이 저희들이란 생각을 했습니다.

"가장 작은 별은 내 별이야."

키가 제일 작은 소년이 겸손하게 이렇게 말했습니다.

"그래, 그 옆에 있는 건 나지?"

또 한 소년이 대꾸합니다. 이렇게 해서 소년들은 제각기 자기

별을 정했습니다.

일곱 소년과 일곱 별. 그들은 하늘과 물 사이에 서로 이어져 있는 든든한 생명을 느꼈습니다.

"저 별이 떨어져 버리지 않는 한, 우리도 죽지 않는다."

누가 이런 말을 하자, 궁복이 이때다 하고 한마디 했습니다.

"아무리 바람이 세게 불어도 북두칠성은 떨어지지 않아. 그처럼 우리도 끄떡하지 않아. 우리는 당나라로 가는 사람들이니까 시시하게 물에서 죽거나 할 수 없다는 말이지."

모두들 그 말을 믿음의 말인 듯이 들었습니다. 그러고는 마음을 든든히 가졌습니다.

"자, 이젠 번갈아 자기로 하자. 넷은 자고 셋은 배를 지킨다. 나와 꼬마와 명돌은 깨어 있기로 할 테니, 어서들 잘 준비를 해라."

궁복의 명령이었습니다. 네 소년은 곧 잠자리를 정하고 잠을 청했습니다.

바다는 넓고 크기도 합니다. 그리고 바다는 밤낮으로 잠자지 않습니다. 육지와 가까운 바다에서는 때로 물결이 잠자는 일이 있어도, 넓은 바다에는 그런 조용한 때가 없습니다.

배는 밤을 새워 뒤흔들리며 달렸습니다. 하늘의 별을 보며 방향을 짐작하는 일은 궁복이 맡아 했습니다. 키를 잡는 소년은 궁복이 시키는 대로 방향을 잡았습니다.

어제 저녁의 해는 배가 향해 가는 앞쪽 바다에 빠져 들어갔는데, 새벽이 되니 뒤쪽이 먼저 밝아 왔습니다.

두고 온 저편, 신라가 있는 쪽에서 바닷물이 끓기 시작했습니다. 벌겋게 끓는 바닷물, 그 속에서 햇덩이가 뒹굴고 있었습니다. 좀처럼 하늘로 올라오지 못하고 허우적거리는 것 같았습니다.

이윽고 해는 끓는 불의 물속에서 가까스로 뛰어오르는 듯 하늘로 올라 떴습니다. 둥그런 것이 물에서 헤쳐 나와서는 살았다는 듯 번쩍이고 있었습니다. 금빛 햇살이 온 세상으로 뻗쳐 나갔습니다.

일곱 소년들은 새로운 힘을 얻은 듯 기쁜 얼굴로 아침 해를 맞이했습니다. 그러나 사방팔방 아무리 둘러보아도 오직 물과 하늘이 있을 뿐인 바다 가운데서 불안함을 느끼는 소년도 없지 않았습니다.

과연 이 배는 당나라로 곧장 향하고 있는 것일까? 만에 하나라도 방향을 잘못 잡은 것은 아닐까? 그래서 엉뚱한 곳에서 헤매게 되지나 않을까? 이런 근심이 없지 않았습니다.

그러나 궁복은 자신만만했습니다. 해를 보고 방향을 잡아서 거센 물결을 가르며 서쪽으로 배를 몰았습니다.

아득한 수평선에 희미한 점이 하나 나타났습니다. 소년들은 그 점을 눈여겨 바라보았습니다.

"저건 아마 교역선(물건을 교환하여 장사하는 배)인가 보다. 어디 가까이 오나 보자."

궁복이 이마에 손을 얹고 먼 바다 끝을 바라보며 말했습니다.

조그마한 점은 점점 커졌습니다. 여러 개의 돛이 보이고, 우뚝 높이 뜬 큰 배였습니다.

"가까이 오면 좋겠다."

모두들 이렇게 바랐습니다. 그러나 궁복은 그 배가 어쩌면 해적선일지 모르니 가까이 오지 않는 것이 좋겠다고 생각했습니다.

망망한 바다에서는 물밖에 아무것도 볼 게 없으니까 배를 반가워하는 것이지만. 사실 이런 바다에서 도둑으로 활약하는 해적이 있다는 것을 궁복은 잘 알고 있었습니다.

 '도둑의 배를 만나면?'

 그런 생각을 하니 무섭기도 했습니다.

 큰 배는 궁복의 작은 배를 보았는지 못 보았는지 동쪽을 향해 갔습니다. 사라져 가는 그 배를 멀리 바라보며 일곱 소년들은 이렇게 넓은 바다에도 사람들이 오고 가는구나 하는 생각을 하니 어쩐지 마음이 든든했습니다. 배가 다니는 길로 이 배도 가고 있는 것이라 생각했습니다.

 그렇기는 하지만 소년들의 배는 큰 바다를 건너 당나라까지 가기에 너무도 작았습니다. 거친 파도를 넘어 무사히 가기만 하늘에 빌면서. 소년들은 낮이나 밤이나 물결에 뒤흔들리는 항해를 계속했습니다.

당나라에서의 생활

여러 날 만에 궁복의 배는 당나라 땅에 가 닿았습니다.

그동안 바람과 물의 싸움은 참으로 아슬아슬한 것이었습니다. 폭풍에 불려 나뭇잎처럼 헤매던 일이 두 번이나 있었고, 방향을 그르쳐 떠돌기도 했습니다.

그러는 가운데 용감한 소년들도 모두 기운이 빠져 파김치같이 되었지만, 푸른 대륙을 만났을 때 그들은 오뚝이처럼 되살아났습니다.

"당나라다! 당나라에 다 왔다!"

궁복이 외치는 소리에 소년들은 그동안의 괴로움도 잊고 움츠렸던 희망의 꽃봉오리를 활짝 피웠습니다.

궁복 일행이 닻을 내린 곳은 서주에 가까운 바닷가였습니다.

크고 작은 배들이 드나드는 항구에 들어온 소년들은 처음 부두에 발을 올려놓자, 번잡하고 화려한 항구의 모습에 눈이 둥그레졌습니다.

신라에서 보지 못한 큰 집들과 상점, 당나라 사람들의 알아들을 수 없는 말소리. 모든 게 신기한 구경거리였습니다. 그러나 그런 걸 보고만 있을 수는 없었습니다.

낯설고 말 모르는 당나라 땅에서 어떻게 살아가는가. 그것부터 걱정해야 했습니다.

'무슨 일을 해서 먹고살아가나?'

궁복은 일행을 데리고 이곳저곳을 돌아다니다가 신라 사람 하나를 만났습니다. 말할 수 없이 반가웠습니다.

"저희들은 신라에서 왔는데 어디 일할 자리가 없을까요?"

이렇게 묻자 신라 사람은 놀란 얼굴을 하며 되물었습니다.

"신라에서 예까지 일자리를 구하러 왔단 말인가?"

"당나라에서 무슨 일이든지 해서 성공해 보려고 왔습니다."

"허허, 그것 참 놀라운 일이군! 여기서 무슨 일이든지 한다고 성공하는 것도 아닌데. 무턱대고 이 먼 곳엘 오다니!"

"아저씨, 저희들이 먹고살 수 있는 일자리를 좀 찾아 주세요. 어떤 일이든지 힘써 하겠어요."

소년은 신라 사람을 붙들고 애걸했습니다. 그럴 수밖에 없는 것이, 낯선 나라에 와서 놀고만 있으면 거지밖에 될 게 없기 때문입니다. 어떤 일이든지 해서 밥을 먹고 사는 가운데 제게 맞는 일을 다시 찾아야 한다고 생각했습니다.

장사를 하자면 돈이 있어야 하는데, 맨몸으로 남의 나라에 온 소년들에게는 남의 집에서 일을 해 주는 종살이밖에 다른 길이 없었습니다.

신라 사람은 궁복에게 이렇게 말했습니다.

"남의 집에서 일을 해 주고 지내려면 자리가 없는 것도 아니지만, 그건 꽤 힘들고 천대도 받아야 한다는 걸 알아야겠지. 그런 것을 각오한다면 주선해 주어도 좋지만······."

"주선해 주십시오. 저희들이 남의 나라에 종살이나 하자고 온 건 아니지만, 살아갈 길을 마련하려면 종살이가 아니라 더 어려운 것이라도 해야 하지 않겠습니까?"

신라 사람은 그제야 당나라 사람들에게 소년들을 데리고 가서 일자리를 부탁해 주었습니다.

이리하여 궁복과 다른 소년들은 이 집 저 집에 흩어져 종으로 일하게 되었습니다.

각자 남의 집 종살이를 하는 동안, 궁복은 참으로 피땀 나는 노력을 하지 않으면 안 되었습니다.

우선 말을 배우기까지의 고생. 그러고는 남의 집 종으로서 역겨움을 꾹 누르고 일하는 노력. 그러면서도 무예를 익히기를 하루도 게을리하지 않았습니다.

"궁복아. 또 창쓰기냐? 어제는 활쏘기로 시간 다 보냈지? 무슨 사람이 일은 안 하고 그래?"

주인이 화를 내며 꾸짖었습니다.

"일은 다 해 놨습니다."

"다 해 놨다고? 찾아서 더 하면 못쓰냐?"

이렇게 주인이 투정을 했지만, 궁복은 언제나 무예 공부를 하기 전에 미리 일을 다 해 놓았습니다. 그러고 나서 활을 쏘고 창을 놀려도 주인은 괜스레 이렇게 꾸짖습니다.

그러나 궁복의 활과 창은 동네 사람들을 놀라게 했습니다. 남의집살이를 하는 신라 소년의 뛰어난 솜씨를 보고 당나라 사람들은 혀를 내둘렀습니다.

특히 무예를 공부하는 소년들이 궁복을 보고 모른 체할 리가 없었습니다.

"궁복, 오늘은 나하고 창 시합을 하지 않겠나?"

한 소년이 졸랐습니다.

"해도 좋지."

"지는 사람은 부하가 되든지 맛있는 음식을 내든지 하기다."

"좋다."

"넌 음식을 낼 수 없을 테니 내 부하가 돼야 할걸."

"그게 무슨 소리냐? 내가 왜 네 부하가 된단 말이야?"

"네가 지면 말이야."

"내가 왜 져?"

"글쎄, 만일 지는 날엔 말이다."

당나라 소년은 싱겁게 웃었지만, 속으로는 남의집살이하는 신라 소년에게 질 수 없다고 단단히 결심을 했습니다.

동네 한가운데에 넓은 공터가 있었습니다. 그 공터에서 궁복과 당나라 소년의 창쓰기 시합이 벌어졌습니다.

많은 사람들이 둘러서서 구경했습니다.

상대방을 찌르는 시늉만 하는 장난스런 시합이기는 하지만, 사실은 실제 싸움에서 죽이고 죽고 하는 것과 조금도 다를 바 없는 기술이 필요합니다.

시작 신호가 나자, 마주 선 두 젊은이는 창을 들고 덤벼들었습니다.

한편이 창으로 찌르려 하면, 상대편이 자기 창으로 막아 칩니다. 창끝이 허공을 가르며 오락가락합니다.

궁복은 시합을 신청한 당나라 소년의 솜씨가 만만치 않음을 알았습니다. 그래서 마음을 가다듬어 창을 놀렸습니다.

청그렁 척!

청그렁 탁!

창과 창이 부딪치는 소리가 구경하는 사람들의 손에 땀을 쥐게 했습니다.

"여간 아닌데……. 남의 집 일꾼이 저만큼 창을 쓸 줄 아는 건 놀라운 일이야."

"그렇긴 해도 우리 도련님을 이기진 못할 거야. 도련님이야말로 이곳 서주 땅에서도 제일가는 분인걸."

"야앗!"

"야앗!"

구경꾼들의 이야기에 관계없이 두 젊은이는 이마에 땀을 흘리며 서로 겨루고 있었습니다.

둘은 모두 극도로 긴장해서 창 끝에 불이 일 것 같았습니다.

"어쩐 일이야? 도련님이 뒤로 몰리지 않나? 이거 안 되겠는걸."

구경꾼 사이에서 걱정하는 목소리가 들렸습니다. 과연 궁복의 창이 미친 듯 오고 가자, 당나라 소년은 옆으로 비켜 서며 소리쳤습니다.

"그만! 장궁복의 승리다."

사방에서 환호성이 일어났습니다. 비록 자기 나라 사람이 지고 종살이를 하는 신라 사람이 이기기는 했지만, 구경꾼들은 이긴 궁복에게 박수와 찬사를 아끼지 않았습니다.

"궁복, 훌륭하다! 네 솜씨가 좋은 줄은 알았지만, 이렇게까지 뛰어난지는 몰랐다. 오늘은 내가 잔치를 차려 널 모시겠다."

진 소년이 궁복의 손을 잡고 말했습니다. 궁복은 그날 당나라 소년의 집에 가서 극진한 대접을 받았습니다. 그리고 생활에 커다란 변화가 생겼습니다. 그것은 당나라 소년의 집에서 궁복을 데리고 있겠다고 했기 때문입니다.

어차피 남의 집에서 일을 할 바에야 이 집에 와서 아들과 같이 무예를 익히며 지내는 것이 좋지 않겠느냐고 그 소년의 아버지가 청한 것입니다. 물론 집안일을 돕기는 마찬가지지만, 종으로 두는 집과 달라서 일을 고되지 않게 시키겠노라고 했습니다.

궁복으로서는 더할 나위 없이 고마웠습니다. 이때부터 궁복은 그 집에 있으면서 소년과 더불어 창쓰기, 칼쓰기, 활쏘기를 익히고 말타기도 익혔습니다.

이렇게 몇 해를 지냈습니다. 궁복의 무예는 놀랄 만큼 발전

해서 근처에는 맞설 사람이 없을 정도였습니다. 궁복은 남의 집에서 살면서도 사실은 주인집 아들의 무예 스승이었습니다.

그러던 어느 날, 나라에서 무예 시험을 본다는 소문이 들렸습니다. 무예를 공부한 젊은이들은 누구나 붙기를 바라는 시험이었습니다.

'나도 시험을 치리라. 시험관이 신라 사람이라 하여 차별하지만 않는다면…….'

궁복은 드디어 시험장에 나가 무예 솜씨를 보였습니다. 시험관은 이 이름 없는 청년의 무예가 이름 있는 이의 솜씨를 훨씬 뛰어넘는다고 보았습니다. 비록 외국 청년이기는 하나 실력을 인정하지 않을 수 없었습니다.

"장궁복, 장원!"

궁복은 활쏘기와 창쓰기에서 각각 일 등을 했습니다. 말타기와 칼쓰기에서도 역시 일 등을 차지했습니다.

장궁복의 이름은 서주는 물론이요, 먼 지방에까지 널리 퍼져 나갔습니다.

이제는 남의집살이를 하는 궁복이 아니라 무예 스승 장보고였습니다. 궁복이란 이름을 당나라 사람들이 보고라고 불렀기 때문입니다.

이렇듯 뛰어난 무인을 예사로 보고 지나칠 당나라가 아니었습니다. 몇 번이나 시험에서 우수한 성적을 보여 주자, 당나라에서는 무관의 벼슬을 주었습니다.

그리 높은 벼슬은 아니었지만 신라에서 온 젊은이가, 그것도 어엿한 신분이 아니라 남의집살이를 하던 젊은이가 벼슬을 하게 되었다는 것은 놀라운 일이 아닐 수 없었습니다.

웬만한 재주로는 될 일이 아니었습니다. 당나라 청년들보다 뛰어나게 훌륭하지 않고서는 그들을 물리치고 장원을 하지 못했을 것입니다.

이제부터는 종살이나 남의 집 신세를 지는 궁복이 아니라 무관 장보고였습니다. 무관의 제복을 입고, 높다라니 말을 타고 다녔습니다.

장보고는 맡은 일에 충실했습니다. 남의 나라에 와서 무관이 되었으니, 신라 청년의 의젓하고 믿음직스러운 모습으로 당나라 청년들을 뛰어넘는 실력을 보여 주어야 한다고 생각했습니다. 그러다 보니 벼슬길이 넓어져 간 것은 당연한 일입니다.

장보고는 순조로이 계급이 올라 드디어 무령군 소장이 되었습니다. 당나라 젊은이들은 누구나 부러워하는 벼슬자리였습니다.

"이번에 소장이 된 장보고는 신라 사람이라지?"

"글쎄. 그분이 예사 사람이 아니라네. 조그만 나라에서 그런 인물이 났으니. 신라는 비록 작은 나라라도 인재가 많은 곳인 모양이야."

당나라 안에서는 장보고의 이야기가 나오면 으레 신라에 대한 얘기로 번져 나가곤 했습니다. 그만큼 장보고는 자신의 영예와 함께 신라의 자랑거리가 되고 있었던 것입니다.

이와 함께 반가운 일은 같이 당나라로 간 여러 소년들 가운데 친구 연이도 역시 뛰어난 무예로 보고와 같은 소장이 된 것입니다. 둘은 고향에서와 마찬가지로 의좋게 지내며 자신의 맡은 일을 부지런히 해 나갔습니다.

어린 노예들

"날씨가 좋은데 등주에 가 보지 않겠나?"

"그러세. 바람이 시원하니, 말타기에는 더없이 좋겠네."

이제는 앳된 소년 궁복과 연이 아니라, 당나라의 어엿한 장수가 되어 있는 장보고와 정연이었습니다. 둘은 서주에서 멀지 않은 등주로 길을 떠났습니다. 등주는 신라 사람들이 모여 사는 신라방이 있어서, 고국 사람들을 만나 보는 즐거움에 가끔 찾는 곳이었습니다.

비록 머나먼 당나라에 와서 군관이 되어 있기는 하지만, 내 나라 신라는 어머니와 같은 조국이요, 조국에서 온 사람들을 만나 보는 것은 내 형제를 만나는 것 같은 기쁜 일이었습니다.

신라방에는 무역 일로 와 있는 신라 사람이 많았고, 또 유학생도 더러 있었습니다. 그들에게 고국의 소식을 들으며 하루해를 즐거이 보내고자 한 것입니다.

장보고와 정연은 말을 타고 길을 가며 이야기를 주고받았습니다.

"우리가 여기 와서 이만큼 된 것도 어릴 때 커다란 꿈을 품고 고향을 떠났기 때문일 거야. 하지만 같이 온 친구들이 나는 늘 마음에 걸리네."

"그야 나도 그렇다네. 그 친구들은 대개 병들어 죽고, 우리만 살아남아 이만한 벼슬을 한 셈이 아닌가."

"종살이란 게 얼마나 고된 것인지를 가히 알 수 있네. 얼마 안 되는 보수를 받고 몸을 마구 깎는 것 같은 노동에 그 친구들은 견디지 못했던 거야. 자네나 나는 그래도 무술을 했기에 그런 고역도 조금은 면하면서 지낸 것이지만."

사실 이들과 같이 당나라로 온 다섯 소년들은 종살이에 병들어 죽었거나, 한두 사람 살아 있어도 그 생활이 여전히 편치 못했던 것입니다.

장보고와 정연이 옛날 친구들을 생각하며 한 곳을 지나는데, 어린 소년 대여섯이 흙을 파 나르는 일을 하고 있었습니다.

집터를 닦는 모양이었으나, 그런 일을 하기에 소년들은 아직 어려 보였습니다. 그들의 몸은 땀으로 함빡 젖어 있었습니다.

한 소년이 느릿느릿 움직이는 걸 보고, 나이 먹은 큰 소년이 채찍으로 등을 갈기며 소리쳤습니다.

"빨리빨리 하지 못해?"

그 말에 장보고와 정연은 깜짝 놀랐습니다. 그건 당나라 말이 아닌 신라 말이었기 때문이었습니다.

"신라 아이들이 아닌가?"

"확실히 당나라 아이들은 아니야."

두 사람은 일하는 아이들에게로 가까이 다가가 보았습니다.

소년들은 군인이 가까이 오는 것을 보고 눈이 둥그래져서 죄 지은 사람처럼 쭈뼛쭈뼛했습니다.

장보고는 그중 한 소년에게 말을 걸었습니다.

"너희들은 여기서 무슨 공사를 하는 거냐?"

소년은 말 탄 군인이 신라 말로 묻는 걸 보고 갑자기 반가운 얼굴이 되어 대답했습니다.

"예. 저희들은 집터를 닦고 있습니다."

그 소년은 높은 군인이 신라 말로 묻는 것을 보고 놀랐습니다. 그러나 장보고는 소년들이 틀림없는 신라 사람임에 놀랐습니다.

"너희들은 어디 사는 아이들이기에 여기서 이런 일을 하고 있느냐?"

장보고는 소년들의 얼굴을 하나하나 돌아보며 물었습니다.

소년들이 일하는 걸 감독하며 채찍질을 하던 큰 소년이 앞에 나서서 허리를 굽혀 절을 했습니다. 그러고는 어려운 듯이 물었습니다.

"장군께서는 신라 말을 하시는데. 혹시 신라에서 오신 분이십니까?"

"그렇다. 나는 물론이고. 이분도 신라 사람이다."

"그러시다면 얘기를 하겠습니다. 저희들은 여기 온 지 서너 달 된 신라 아이들입니다."

큰 소년이 장보고 앞에서 공손히 말했습니다.

"서너 달 되었다면 너희들은 신라에서 이런 일을 하러 예까지 왔단 말이냐?"

장보고는 깊은 감회를 느끼며 말했습니다. 자기네가 예전에 배를 타고 당나라로 찾아오던 일이 생각났습니다.

그러나 소년의 대답은 장보고가 생각한 것과 전혀 딴판이었습니다.

"장군님. 저희는 여기 오고 싶어 온 것이 아닙니다. 저희는 잡혀 온 아이들입니다."

"잡혀 오다니? 어디서 누구한테 잡혀 왔다는 것이냐?"

장보고와 정연은 소년의 대답이 의외의 것이었으므로, 말에서 내려 그들을 앞에 모아 놓고 자세한 사연을 들었습니다.

소년들은 밤에 자다가 붙들려 온 아이도 있었고, 바닷가에서 고기를 잡다가 붙들려 온 아이도 있었습니다. 그들은 모두 눈물을 글썽이며 겪은 일을 이야기했습니다.

"불시에 달려든 이상스럽게 생긴 외국 사람들에게 끌려 배에 실려 바다로 나갔습니다. 어느 큰 배에 이르니, 배 안에는 많은 아이들이 갇혀 있었습니다. 그 아이들과 함께 어디로 가는지

모르고 여러 날을 지나 닿은 곳이 이곳 당나라였습니다. 여기 와서는 그들이 저희를 팔아 넘겼고, 이렇게 해서 매일 이런 고된 일을 하고 지내게 되었습니다."

한 소년이 이런 이야기를 하자, 큰 소년은 울음 섞인 목소리로 말했습니다.

"이 아이들 중에서 가장 나이가 많다고 해서 저희 주인은 제게 감독을 하라고 했습니다. 일을 빨리 하지 않는 아이를 마구 때리지 않으면 제가 또 매를 맞습니다. 이런 딱한 일이 어디 있습니까?"

"음, 알겠다. 너희들은 나쁜 해적들에게 잡혀 와서 노예가 된 게다. 나도 그런 해적들이 있다는 말은 들었지만, 너희들을 보니 분한 마음을 금할 길이 없구나."

"어떻게 고국에 돌아갈 수 없겠습니까? 평생 남의 종노릇만 해야 합니까? 고향의 부모님들이 얼마나 걱정하고 기다리실지 모릅니다."

소년들의 이야기를 듣고 있던 장보고의 가슴에는 노여움이 불길처럼 타올랐습니다.

남의 나라에서 아이들을 붙잡아 와서 돈을 받고 팔아먹는 해적들의 만행도 그렇거니와, 어린 소년들을 짐승같이 부려먹는 당나라 사람들에 대한 분노가 가슴을 아프게 했습니다.

"오냐. 알겠다. 너희들이 여기 있다가는 영원히 노예의 굴레를 벗어나지 못할 것이다. 나를 따라오너라. 우선 너희들을 안전한 곳으로 옮겨 놓아야겠다."

"아! 장군님. 그렇게 해 주시겠어요? 그럼 나중에 또 매를 맞진 않나요?"

얼마나 주인에게 매를 맞았기에 이렇게 두려워들 할까. 장보고는 소년들을 잘 보호해 주기로 결심했습니다.

"염려 말고 우리를 따라오너라."

장보고는 소년들을 데리고 등주로 갔습니다. 등주에 있는 신라방에는 신라 사람들이 모여 살았습니다. 신라 사람들이 모여 사는 이곳은 소년들에게 제 고향과도 같았습니다.

장보고는 여기 사람들에게 소년들을 맡겨 놓는 것이 제일 안전하다고 생각한 것입니다.

소년들은 머나먼 당나라에 잡혀 와서 고된 종 노릇을 하다가 신라 장군에게 구함을 받은 것도 뜻밖의 일이요, 당나라 땅에 신라 사람들이 모여 사는 곳이 있는 것도 신기하기만 했습니다.

"어서 옷을 갈아 입어라. 그리고 여기서 밖으로 나가지 말아야 한다. 나갔다가 다시 붙들려 가면, 도로 찾아오기가 어려울지도 모르니까……."

장보고가 주의시키는 말에 소년들은 허리를 굽혀 몇 번이나 절을 했습니다.

"고맙습니다. 밖에는 무엇하러 나가겠어요. 우리나라 어른들이 여기 계시는데……."

소년들은 뛸듯이 좋아했습니다.

장보고와 정연은 신라방 사람들에게서 등주뿐만이 아니라 곳곳에 이런 소년들이 많다는 것을 알았습니다. 해적에게 붙들려 온 소년들이 노예로 팔려 고된 일을 하고 있는 수가 대단히 많은 듯했습니다.

이 아이들을 우선 구하고, 또 그러한 해적들의 마수를 막는 방도를 세우기 위해 장보고는 깊은 생각에 잠겼습니다.

장보고는 노예 소년들을 보는 대로 신라방으로 피신시키고,

또한 동시에 나라에 청원하여 해적의 신라 침범을 막도록 해야 겠다고 결심했습니다.

장보고는 당나라 군관의 자리에 있으면서도 이제는 노예로 팔려 온 신라 소년들을 구하는 일에만 마음이 쓰였습니다. 자기는 큰 뜻을 품고 이 나라에 건너와서 고생 끝에 높은 벼슬까지 하고 있지만, 저 어린 소년들은 도둑의 손에 끌려와서 종살이를 하고 있는 것이라 생각하면 그들이 한없이 가여웠습니다. 조국인 신라의 힘이 약하여 바다로 침범하는 해적의 무리를 막지 못하니 이렇게 분할 데가 없었습니다.

신라방에 피신시킨 노예 소년들의 수가 많아졌습니다. 장보고는 소년들을 적산에 있는 법화원이라는 절로 데려갔습니다.

법화원은 장보고가 많은 도움을 주어 세워진 절로, 신라의 스님들이 30여 명 살고 있어 신라 사람들이 마음을 기대는 안식처 같은 곳이었습니다.

장보고는 이 절에 소년들을 맡겨 놓고 때를 기다렸다가 신라로 돌려보낼 계획이었습니다.

당나라 정부에서는 장보고의 청원을 듣고 해적들의 납치를 막도록 포고를 내렸다고 했지만, 아무런 효과가 없었습니다. 해적들은 여전히 신라에 가서 아이들을 납치해 와 노예로 팔아먹고 있었습니다.

장보고는 이런 노예 소년들을 보고 마음속에 크게 느끼는 바가 있었습니다. 그것은 이 몸이 비록 당나라의 군관이 되어 있다 하나, 내 나라 사람들이 자식을 뺏겨도 호소할 곳 없다면 이런 벼슬이 무슨 보람이 있는가. 차라리 신라에 돌아가서 힘껏 바다를 지켜 해적들을 물리치는 일을 하는 것이 떳떳하지 않을까 하는 깨달음이었습니다.

'나는 바닷가에서 나고 자랐다. 가난한 바닷가의 소년들을 납치하고, 사람들의 재물을 도둑질하는 해적들을 쓸어버리는 일은 내가 해야겠다. 당나라 해적들이라 해서 당나라에 부탁하고 기다려서 될 일이 아니다. 내 나라에 덮친 불행은 내 힘으로 걷어 치우자!'

이런 결심을 한 장보고는 무령군 소장의 지위도 헌신짝처럼 버릴 수 있었습니다.

장보고는 정연과 이 일에 대해서 의논했습니다.

"여보게. 자네와 나는 같은 뜻을 품고 이 나라에 와서 같이 벼슬자리에 올라 이만큼 살아왔네. 하지만 노예로 팔려 고생하는 우리나라 아이들을 보니 여기서 이러고 있을 것이 아니라는 생각이 드네. 신라로 돌아가서 함께 바다를 지킬 생각은 없는가?"

장보고의 말에 정연은 한참 동안 묵묵히 생각하다가 가만히 입을 열었습니다.

"좋은 생각이라 동감하는 바이지만, 나로서는 여기 눌러 있는 것이 오히려 낫지 않을까 하네. 나 같은 사람이 신라로 가면 거기서 알아줄 것 같지 않으니 말일세. 고국은 좋지만, 그곳에서 나 같은 비천한 상민에게 벼슬인들 주겠나?"

어릴 때에는 친구로 허물없이 지낸 사이였습니다. 그러나 당나라에 온 뒤로 두 사람의 생각은 조금씩 달라지고 있었습니다.

"우리가 고국에 돌아가서 벼슬을 하고 못 하는 것이 무슨 큰 문제가 되겠는가? 다만 여기서는 내 나라를 지킬 수 없으니 사는 보람이 없는 일이라 하는 말이네."

"신라에 간들 무슨 보람 있는 일을 할 수 있겠나? 남이 나를 알아주지 않는 곳에서는 아무리 좋은 일이라도 하기 힘든 것이

네."

 장보고는 정연의 말에서 섭섭함을 느꼈습니다. 당나라 벼슬자리에서 떨어지기 싫어하는 태도가 갑자기 역겹게 느껴졌습니다.

 "정 그렇다면 자네는 여기서 더 있어 보게. 나는 신라로 돌아가서 바다의 도둑을 쓸어버리겠네. 설마 당나라 해적을 물리치는 일에 반대할 사람이야 있겠는가."

 정연은 장보고의 말에 더 이상 대꾸하지 않고 묵묵히 앉아 있었습니다.

소년 소녀들을 데리고 고국으로

서기 828년 봄이었습니다.

꽃잎이 조용한 바람결에 하늘하늘 날리고 있었습니다. 풍경 소리가 은은한 법화원 뜰에는 노예의 사슬에서 벗어난 신라의 소년 소녀들이 두근거리는 마음으로 모여 있었습니다.

불행에서 건져진 어린 소년 소녀들은 이제 고국으로 간다는 희망에 가슴이 부풀었습니다. 부모님을 만나리라는 기쁨에 웃음이 함박꽃처럼 피고 있었습니다. 모두 해적들의 손에 걸려 고향을 떠나 당나라에서 종살이를 하던 아이들이었습니다. 구원의 손길을 바랄 수 없는 것으로 생각했던 아이들이 장보고 장군을 따라 신라로 돌아가게 된 것입니다.

이 아이들은 장보고 장군을 아버지와 같이 생각했습니다. 아니, 그들의 아버지인들 이렇게 구원의 손길을 뻗쳐 줄 수 있었을까요.

배는 이미 준비되어 있었습니다. 많은 사람이 탈 수 있는 배를 준비하고 양식을 실어. 이제는 사람만 타면 길을 떠나게 되는 판이었습니다.

법화원에서 아이들을 돌봐 주던 스님이 아이들에게 이별의 말을 했습니다.

"오늘 너희들이 고국으로 떠나는 걸 보니 내 마음도 이루 말할 수 없이 즐겁다. 그동안 고생이 오죽했으랴마는 이제 장 장군의 따뜻한 사랑에 안겨 내 고향 부모님을 만나러 가는구나. 부디 오랫동안 걱정하시던 부모님께 안심과 기쁨을 드리도록 하여라."

"스님, 감사합니다. 그동안 저희들을 위해 애써 주신 은혜는 평생 잊지 않겠습니다. 안녕히 계십시오."

한 소년이 여러 아이들을 대신해서 인사를 드렸습니다.

"나 같은 사람이야 무얼 힘쓴 것이 있겠느냐? 모두 장 장군 덕분이지."

"스님도 이 다음에 꼭 신라로 돌아오세요. 그러면 저희들이 찾아뵙겠습니다."

어떤 소녀는 법화원 어른들과 헤어지는 것이 서러운 듯 눈물을 짓고 있었습니다.

이윽고 출발 명령을 내렸습니다. 장보고는 몇몇 부하들과 함께 소년 소녀들을 인도하여 바다로 나갔습니다. 배에 돛을 올렸을 때, 그들의 마음은 신라를 향해 먼저 달음질치고 있었습니다.

여러 날을 지나 드디어 배가 신라에 와 닿았습니다. 낙동강 하류에 배를 댄 장보고는 데리고 온 아이들을 각기 제 고향으로 돌려보냈습니다.

본래 이곳저곳에서 납치되어 간 아이들이라 고향도 여러 곳이었습니다. 제각기 고향을 조사하고 가는 길을 가르쳐 주어 무사히 돌아가게 하는 데에도 여러 날이 걸렸습니다.

장보고는 이렇게 해서 신라의 소년 소녀들을 수십 명이나 구했습니다. 하지만 미처 발견하지 못한 아이들이 얼마든지 있을 것이요, 또 지금도 해적들의 마수가 신라 해안에 뻗치고 있을 것을 생각하니 한심하기 짝이 없었습니다.

그것만이 아니었습니다. 우리나라 배가 바다에서 해적들에게 받는 피해도 이만저만이 아니었습니다. 험한 파도를 넘어 외국에 장사 나간 배가 물건과 돈을 송두리째 빼앗기거나, 생명까지 잃는 일도 많았습니다.

'나라는 무엇을 하고 있단 말인가? 우리 바다를 지키지 못하고 어찌 나라의 발전을 바랄 수 있단 말인가?'

장보고는 분한 마음이 불같이 일어났습니다.

'오냐! 조정에 들어가 이 사정을 바로 알리고, 바다의 안전을 위한 조치를 하도록 하자!'

장보고는 이렇게 마음먹고 수도인 서라벌로 길을 떠났습니다.

청해진 대사

"임금님께 아뢰옵니다. 당나라 서주에서 군관으로 있었다는 자가 임금님을 뵙겠다고 하옵니다."

궁중에서 한 신하가 흥덕왕 앞에 허리 굽혀 고했습니다. 왕은 뜰에 핀 꽃들을 바라보고 있다가 좀 귀찮은 듯이 말했습니다.

"무슨 일로 나를 보자 하던고?"

"예. 자세히 말하지는 않으나, 당나라 등주 법화원 주지의 편지를 가지고 왔다 하옵니다."

법화원 주지라고 하면 신라에서도 잘 알고 믿을 수 있는 사람이었습니다.

"들게 하라."

왕은 쾌히 만나 줄 것을 허락하고 임해전으로 나갔습니다. 임해전에는 좌우로 신하들이 주욱 자리 잡고 있었습니다. 용상에 앉은 왕에게 장보고는 법화원 주지의 편지를 올렸습니다.

"당나라 소장 장보고라……?"

"예. 소인은 신라 사람으로 당나라에서 소장의 자리에 있었사오나, 지금은 그 직을 버리고 다시 신라의 백성으로 임금님을 뵈옵는 것이옵니다."

"그대는 어떻게 하다 당나라에서 벼슬을 하게 되었는고?"

왕은 장보고가 당나라 군관으로 있었다는 것이 신기하여 물었습니다.

"예. 소인은 열네 살 때 당나라에 들어가서 이십 년 남짓 있으면서 무예를 닦아 군관 벼슬을 하게 되었사옵니다. 하오나 본시는 이름 없는 집안의 아들로 태어났으며, 당나라에서도 남의 집 일을 해 주며 지냈나이다."

"기특하도다. 그런 신분으로 어찌 무관이 되었을꼬!"

"예. 소인은 어릴 때부터 말타기와 창쓰기를 즐겨 하였사온데, 당나라에서도 검술과 창쓰기를 연습하여 과거에 뽑혔나이다."

장보고는 자신의 미천한 신분을 그대로 아뢰고 당나라에서의 생활도 바른대로 말했습니다.

"그래. 그러하다면 당나라에서 좋은 벼슬을 하다가 그 자리를 버리고 온 까닭은 무엇인고?"

왕의 물음에 장보고의 두 눈이 갑자기 빛나고, 얼굴엔 혈기가 솟았습니다. 그러면서 다시 몸을 바로한 다음 힘있는 어조로 말했습니다.

"소인은 미천한 몸으로 당나라의 벼슬자리에 올라 일신의 영화를 누리는 것이 싫어서가 아니옵니다. 소인은 다만 신라 사람이옵기에 언제나 신라를 잊지 못하여, 고국에 돌아와 임금님을 모시고 우리 백성을 위해 일하고 싶었사옵니다. 그러던 차에 우연히 종으로 팔려 가서 고생하는 우리 아이들을 보게 되었사옵니다. 그 아이들은 모두 당나라 해적들이 신라에 와서 잡아간 가엾은 자들로 죄 없이 팔리는 몸이 된 것이었사옵니다."

"허어. 그런 일이 있었던가!"

왕은 크게 놀라는 기색이었습니다. 그러나 왕보다 왕 앞에 늘어선 신하들의 얼굴빛이 달라졌습니다.

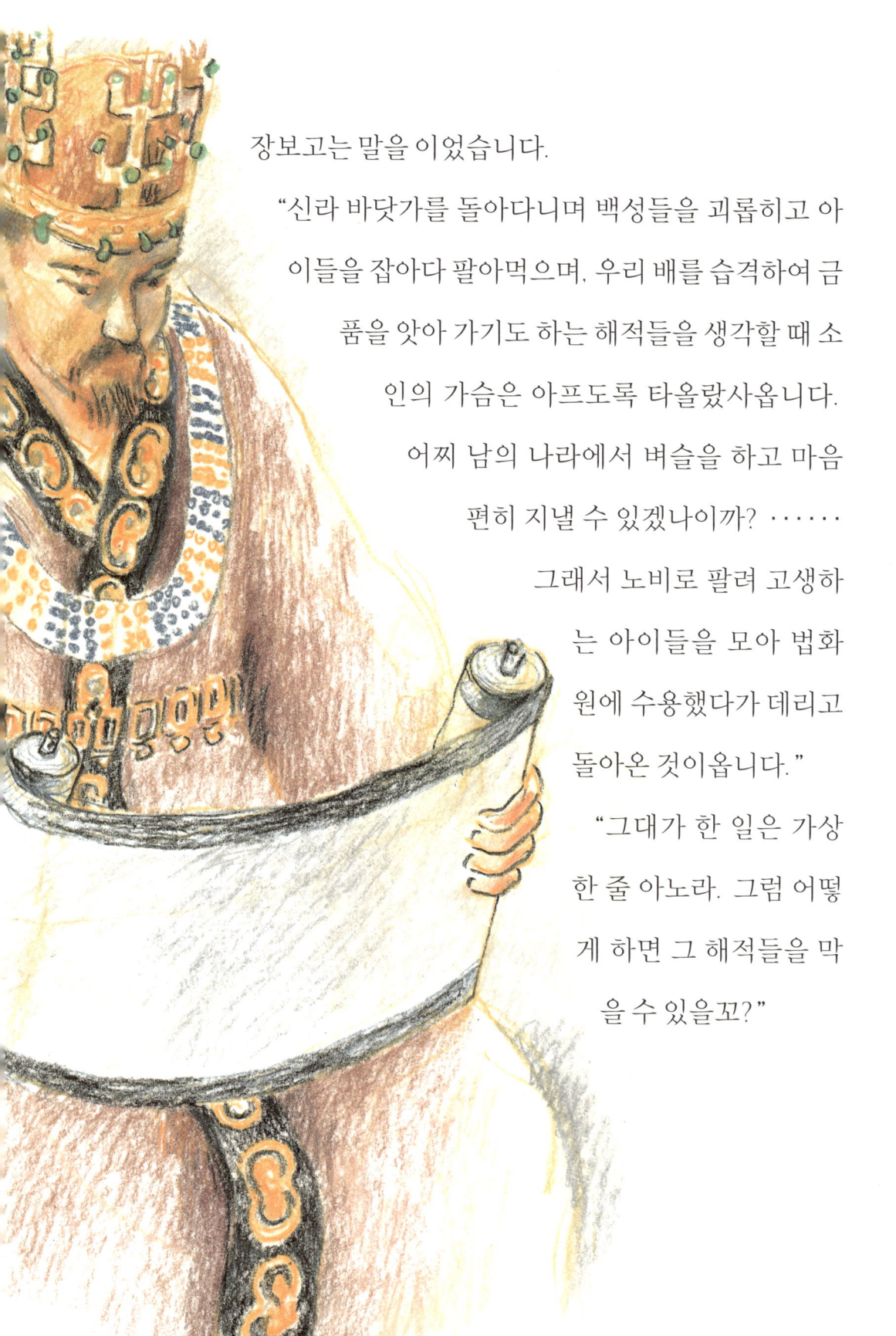

장보고는 말을 이었습니다.

"신라 바닷가를 돌아다니며 백성들을 괴롭히고 아이들을 잡아다 팔아먹으며, 우리 배를 습격하여 금품을 앗아 가기도 하는 해적들을 생각할 때 소인의 가슴은 아프도록 타올랐사옵니다. 어찌 남의 나라에서 벼슬을 하고 마음 편히 지낼 수 있겠나이까? ……그래서 노비로 팔려 고생하는 아이들을 모아 법화원에 수용했다가 데리고 돌아온 것이옵니다."

"그대가 한 일은 가상한 줄 아노라. 그럼 어떻게 하면 그 해적들을 막을 수 있을꼬?"

왕의 말에 신하들의 얼굴은 점점 흙빛으로 변해 갔습니다. 나라의 해상 경비가 이렇듯 소홀한 것을 왕은 미처 짐작도 못 했던 것입니다.

신하들은 그러한 불행한 일이 있다는 것을 알고 있으면서도 왕에게 아뢰지 않았고, 자기네들이 모든 정사를 잘 보아 태평 세월인 것처럼 보여 드렸던 것인데, 장보고란 자가 왕에게 사실을 고해 바쳤으니 이런 두려운 일이 어디 있겠습니까.

장보고는 당황해하는 신하들의 모습을 곁눈으로 보고도 조금도 거리낌없이 왕에게 아뢰었습니다.

"변방의 수비가 되어 있지 못하면 바다의 도둑은 언제나 어진 백성을 괴롭힐 것이옵니다. 임금님께서 변방 수비에 힘쓰시어 해적들을 소탕하시지 않으면, 장차 나라에 화가 미칠지도 모르옵니다."

장보고의 당돌한 의견에 신하들은 부들부들 떨리는 몸을 가까스로 진정하며 서로 수군거렸습니다.

"어디서 감히 저런 소리를 한단 말인가."

"우리들의 얼굴에 흙탕물을 끼얹는 놈이 아닌가!"

해상 경비 같은 것은 아예 생각도 하지 않고 지내던 신하들은 난데없이 나타난 장보고의 말에 더할 수 없는 미움과, 왕이 꾸지람을 내리지나 않을까 하는 두려움에 싸여 어쩔 줄 몰랐습니다.

이때 시중(신라와 고려 때의 벼슬 이름) 우징이 선뜻 나서서 장보고의 말을 거들었습니다.

"임금님께 아뢰옵니다. 우리 신라의 바다가 외적들에게 침범을 당하고 있는 것은 임금님을 도와야 할 저희가 책임을 다하지 못한 탓인 줄 아옵니다. 임금님께서는 다행히 하늘이 귀한 인물을 보내 주신 것으로 믿으시고, 이 사람을 써서 나라를 지키게 하심이 옳은 줄로 아뢰옵니다."

우징은 장보고의 생각과 그 사람됨을 보고 즉석에서 이렇게 권한 것입니다.

"그러하다면 변방 수비에 대해 어떤 묘한 방법이라도 있는

가?"

왕의 물음에 장보고는 다시 입을 열었습니다.

"한 가지 계책을 생각하고 있사옵니다. 옛날부터 청해(지금의 전라남도 완도) 땅은 당나라와 일본을 연결하는 삼국의 요충지입니다. 이곳에 진(지방 군대가 주둔하는 곳)을 설치하여 동서로 해상 교통을 살피고 수군을 훈련시키면 해적들을 없애기에 적당하리라 믿사옵니다."

그러나 신하들의 얼굴에는 어두운 빛이 서렸습니다. 임금도 얼른 그렇게 하겠다는 말을 하지 못하고 있었습니다.

이런 눈치를 알아챈 장보고는 재빠르게 말머리를 돌려 말했습니다.

"소신은 어린 나이에 외로운 몸으로 일찍이 고향을 떠나 바다를 동무 삼아 지내 왔사옵니다. 다행히 당나라에 들어가서 작은 벼슬을 얻어 지냈는데, 당나라가 신라 사람에게 그런 벼슬을 준 것도 소신을 믿고 주었으리라 생각합니다. 이제 소신이 당나라의 벼슬을 버리고 조국에 돌아온 것은 일편단심으로 내 나라를 지키고 백성들을 돕겠다는 마음에서 하는 일일 뿐이옵니다.

조금도 부귀나 영달을 탐내서가 아니오니. 임금님께서는 소신의 충정을 널리 살펴 주시기 바랍니다."

이 말에 왕은 얼굴에 잔웃음을 띠었습니다. 신하들도 장보고라는 사나이의 마음을 어느 만큼 믿고 얼굴에 낀 어둡던 그늘을 걷었습니다.

그날 늦도록 궁중에서 열린 회의에서 결정된 것은, 장보고를 청해진 대사로 앉히고 그에게 만 명의 군졸을 주어 경비를 맡게 한 것이었습니다.

이로써 장보고는 당나라에서의 소장 벼슬을 버리고, 내 나라 해상 경비의 중한 임무를 맡게 되었습니다. 이제 청해진 대사 장보고가 실력을 발휘하여 바다를 지키는 빛나는 활동이 시작된 것입니다.

장보고는 우선 서라벌에서 청해진까지 군졸들을 옮기는 일을 시작했습니다. 만 명의 인원을 이동시키는 데에도 상당한 시일이 걸렸습니다.

그런 다음, 장보고는 청해 땅을 두루 다니며 지세를 살폈습니다. 높은 곳에는 망루를 세우고, 성에 울짱(말뚝 같은 것을 박아 만든 울

타리)을 둘러치고, 창고를 세우며, 항구의 시설을 고치는 일들이 급했습니다. 청해 땅은 군항으로 모습을 바꾸기 시작했습니다.

"장 대사는 우리나라에서 일찍이 못 본 장사라네. 바다의 왕이 될 거야."

"이제부터는 왜국이나 당나라에서 오는 해적선은 감히 범접을 못 할 거야."

"그렇고말고. 저 높다란 망루를 보게나. 밤낮을 가리지 않고 저 망루에서 망을 볼 거라네."

"이제 해적들 때문에 불안하던 일도 없어지겠지."

장보고의 공사를 보고 백성들은 이렇게 쑥덕거리며 좋아했습니다.

장보고는 성을 든든히 하고 항구의 설비를 갖추는 한편, 배를 짓는 일에 힘을 기울이고 있었습니다. 바다를 지키려면 빠르고 튼튼한 배가 많이 필요했습니다. 낡고 묵은 배로는 대신할 수 없었습니다.

남해 지방과 지리산에서 큰 재목들을 베어 냈습니다. 배를 만들기 위해서 베어 낸 큰 나무들은 그늘에서 말려야 합니다. 이 일도 많은 날짜가 걸리는 일이었습니다.

　날쌔고 튼튼한 배는 바다에서 활동하는 사람에게 가장 소중한 것입니다. 새로운 설계와 튼튼한 재목, 빈틈없는 솜씨가 두루 필요했습니다. 그러기 위해서 장보고가 미리 데리고 온 사람이 있었습니다. 일찍이 낙동강에서 배를 타고 고기잡이를 해 온 금이라는 노인이었습니다.

　이 노인은 수군을 맡아 훈련을 시키는 한편, 배 짓는 일까지 감독했습니다. 고기를 잡는 어부였지만, 비상한 지혜가 있는 사람이었습니다.

　지금까지 써 오던 배와 다른 훌륭한 배를 만들 수 없을까, 하는 것은 장보고가 마음속에 항상 지니고 있는 생각이었습니다.

　"제게 며칠만 여유를 주시면 특별한 배의 설계를 보여 드리겠습니다. 빠르고 튼튼한 배를 저도 연구하고 있습니다."

　금 노인의 말에 장보고는 큰 기대를 가졌습니다.

　"어떻게든 묘한 배를 설계해 보시오."

　장보고는 노인에게 부탁을 했습니다.

　며칠 뒤, 노인은 새로운 배의 설계도를 가져왔습니다.

"이 배의 넓이는 다른 배의 세 곱이 됩니다. 배에는 뚜껑을 해 달을 수 있게 하고, 뚜껑을 닫으면 마치 엎드린 자라 모양이 되지요. 배의 앞뒤는 뽀족하여 노를 젓는 것만으로도 빨리 달릴 수 있습니다."

설계도를 앞에 놓고 설명을 하는 노인의 말에 귀를 기울이고 있던 장보고는 이윽고 고개를 끄덕이며 말했습니다.

"과연 묘한 규모로 되었소. 어디 이 설계대로 배를 만들어 시험해 봅시다. 실제 바다에서 뜻한 대로 되기만 하면 곧 많은 배를 짓도록 하겠소."

금 노인의 새 배가 지어지던 날. 장보고는 물가에서 그 배의 모습을 미소 띤 눈으로 보고 있었습니다.

군졸 몇 사람이 노를 저었습니다. 일찍이 보지 못한 배였습니다. 그 배가 물결을 가르며 나가는 모습에 물가에서 구경하던 모든 사람이 환성을 질렀습니다. 빠르기가 이루 말할 수 없었던 것입니다.

곧 배 짓는 일을 활발히 진행했습니다. 금 노인은 자기의 설계를 따라서 많은 배를 지었습니다.

배가 만들어지자, 이번에는 그 배를 타고 수군의 훈련이 시작되었습니다. 물에서 활동을 해 보지 못한 군졸들에게 배에서 활쏘기 등을 훈련시키는 것은 신기하고 재미있는 일이기도 했습니다.

미끄러지듯 물 위를 달려가며 배에서 활을 쏘아 목표물을 맞추고, 또 이 배에서 저 배로 옮아 타기, 물에 들어가 헤엄치기까지 갖가지 훈련을 열심히 했습니다.

장보고는 높다란 망루에 올라가서 먼 바다를 바라보았습니다.

여태까지 조정에서는 바다에 대해 아무 관심도 가지지 않았습니다. 그러나 더 이상 우리나라 해안에서 해적의 습격을 받고 배에 실은 물품을 강탈하던 일이 있어서는 안 됩니다.

해적선이 나타나기만 하면 싸워 쫓을 것이요, 붙들어 형벌을 줄 것입니다. 한 사람의 아이라도 잡아가는 도둑이 나타나서는 안됩니다. 우리나라 배가 일본이나 당나라로 가는 길에 위험을 느끼지 않게 해야 할 것입니다. 그러기 위해서는 많은 배가 항상 살피고 다녀야 합니다.

장보고는 맡은 바 업무가 실로 크고 벅찬 것임을 새삼 느꼈습니다. 그러나 조금도 불안하지 않았습니다. 만 명의 부하가 그를 도와 줄 것입니다. 장보고의 용맹과 나라를 위하려는 정성이 그를 힘있는 용사로 만들어 주고 있었습니다.

푸른 파도가 수천수만의 이랑을 이루며 밀려오고 있는 남해 바다를 바라보는 장보고의 가슴속에는 또 하나 커다란 생각이 피어오르고 있었습니다. 그는 빙그레 웃으며 두 팔을 펴서 바닷바람을 안아 마셨습니다.

바다의 왕자

　장보고는 해적을 물리쳐 뱃길의 안전을 확보하는 데에만 그치지 않고, 나아가 우리나라 물자를 외국에 실어 가서 장사를 하는 일에 손을 뻗쳤습니다.
　그즈음 우리 상품은 당나라와 일본에서 호평을 받고 있었습니다. 나라와 나라끼리 물품을 서로 바꾸고 사고 파는 무역은 배를 타고 바다를 건너야 할 수 있는 일이었습니다. 신라의 배가 당나라나 일본으로 가야 하고, 또 당나라나 일본의 배도 우리나라에 오게 마련이었습니다.
　그러기 위해서도 해상에서 날뛰는 해적을 소탕해야 했습니다. 장보고의 수군이 나가는 곳에는 해적이 덤비지 못했고,

발견된 해적선은 용감하고 날쌘 군선에 붙들려 형벌을 받게 되므로 신라의 배가 가는 곳이 곧 안전한 곳이 되었습니다.

일본은 당나라에 가는 스님이나 유학생, 조정의 대신들까지 우리 신라의 수군이나 교역선의 힘을 빌렸습니다. 신라의 해상 경비 없이는 마음 놓고 뱃길에 나서지를 못하는 형편이었습니다.

이렇게 우세한 신라의 바다 경비로 신라, 당나라, 일본 세 나라는 서로 상품을 가득 실은 배를 보내어 국제 무역이 날로 성해 갔습니다.

외국에 우리 물건을 팔아서 신라 경제는 기름지게 되었고, 세력도 날로 넓어져 갔습니다. 장보고의 국제 무역은 신라의 힘을 외국에 널리 심어 갔던 것입니다.

장보고가 지휘하는 배는 거센 물결을 헤치고 넓은 바다를 거침없이 다녔습니다. 당나라로, 일본으로, 그리고 당나라에서 일본으로, 일본에서 신라를 거쳐 당나라로 갔습니다. 그 앞에는 해적들도 가까이 오지 못했고, 무서운 폭풍도 힘을 쓰지 못했습니다.

바다로 둘러싸인 섬나라 일본에서 당나라로 불교를 배우러 간 엔닌이란 사람은 유명한 스님이었습니다.

엔닌이 당나라에서 불도를 배우고 일본으로 돌아갈 때에도 뱃길을 구하는 데에는 신라의 배를 얻어 타지 않으면 안 되었습니다. 엔닌이 쓴 책《입당구법순례행기(入唐求法巡禮行記)》에는 신라의 배편을 부탁하는 편지 구절이 실려 있습니다.

······구법 순례가 끝나면 다시 적산포에 돌아와 청해진을 거쳐 귀국하려 하옵니다. 바라옵건대 장 대사에게 이러한 사정을 잘 말씀드려 주십시오. 저의 귀국은 내년 가을 쯤으로 예정되오니, 그때 신라의 배 왕래가 있으면 저희 일행을 태워 귀국할 수 있도록 해 주시기 바라옵니다.

여기서 장 대사라 함은 곧 장보고를 말함이요, 편지 받은 사람은 당나라에 있는 신라인 최운입니다.

이때가 839년, 신무왕 원년이었습니다. 이즈음 장보고의 해상 활동은 대단했습니다. 바다를 마음대로 주름잡는 신라의 해상권은 어느 나라도 따르지 못하는 강대한 것이었습니다.

여기서 장보고가 맡은 청해진 대사의 소임과, 그가 외국과 해 온 무역에 대해서 좀 더 설명할 필요가 있습니다.

청해진 대사라는 것은 국가 제도에 뚜렷이 있는 벼슬 이름이 아니었습니다. 반쯤은 개인적인, 변방을 지키는 임무를 인정받은 특별한 세력가로 볼 수 있습니다.

그래서 군사 만 명을 받았지만, 장보고는 또 백성들을 모아 관군이 아닌 민병을 조직했고, 그 많은 군대를 먹이고 입히기 위해서는 경제력이 필요했습니다. 이러한 비용을 마련하는 방법으로 장보고는 무역을 해야 했던 것입니다.

해군으로 바다에서 나라를 지키는 한편, 해군의 힘으로 당나라와 일본을 상대로 장사를 했으니 거기서 생기는 이익도 참으로 컸을 것입니다. 무역은 날로 번창해서 일본에서는 자기 나라 백성들이 신라의 물건을 사느라 재산을 없애는 것을 걱정할 정도였다고 합니다.

장보고는 당나라에 배를 보내어 물자를 사 와서, 그것을 다시 일본에 팔아 넘겼습니다. 당나라의 무역 중심지는 산둥반도 동

남쪽 등주의 적산포였습니다. 그곳에 있는 절인 법화원은 당나라에 가 있는 신라 사람들이 모이는 곳이자, 신라와의 연락 기관이라는 임무도 띠고 있었습니다.

당시에 일본의 승려 엔닌이 법화원에 들렀다 와서 쓴 기행문에는 이런 구절이 있습니다.

······7일 정오부터 갑자기 바람이 불어, 돛을 높이 달고 파도를 헤치며 나갔다. 해질 무렵에 적산포 동쪽에 이르러 배를 멈추니 이때 대풍이 불었다.

듣던 바와 같이 적산포는 바윗돌이 높고 아름다운 곳에 자리 잡고 있었다. 산모퉁이에 절이 있는데 이 절이 적산 법화원이라 했다. 본시 장보고가 세운 것인데, 소유 토지가 있어서 비용을 스스로 마련한다. 이 절에서는 겨울과 여름에 두 번씩 설법을 하는데 겨울에는 《법화경》을, 여름에는 《금강명경》을 오랫동안 강설하여 왔다고 한다.

적산포는 신라 세력의 근거지가 되어 있었고, 신라로 오는 당나라 사절들도 이곳에 들렀다가 장보고의 배를 이용하여 두 나라 사이의 연락을 취했던 모양입니다. 이렇게 장보고의 무역은 당시 신라인의 무역을 대표했고, 그 규모는 국가적으로 큰 것이었습니다.

  거기서 얻는 수입은 장보고의 개인 수입이라기보다는 나라의 수입이라는 의미가 더 컸다고 할 수 있습니다.

왕가의 다툼 속에서

우징은 자신과 같은 벼슬에 있던 예징, 김양과 더불어 모의를 하고 있었습니다.

우징은 근심스러운 얼굴로 말했습니다.

"내가 아버지 균정을 왕위에 모시려 함은 부자의 사이라 해서 그러는 것이 아니오. 지금 선왕께서는 아드님이 없소. 그런데 어찌 왕의 사촌 아우를 두고 사촌의 아들인 제륭을 왕으로 모시겠느냐 하는 것이오. 그런데도 김명, 이홍, 배훤백은 순위에도 맞지 않는 왕위 계승을 주장하고 있소. 그들은 제륭을 왕위에 오르게 함으로써 저희들의 지반을 굳게 하여 권세를 오로지하려 하니 이를 어떻게 해야 좋겠소?"

침통한 얼굴로 이야기를 듣고 있던 김양과 예징은 주먹을 불끈 쥐며 똑같이 말했습니다.

"안 될 말이오. 우리는 목숨을 걸고라도 이 나라의 왕실을 그르치는 일에 반대해야 하오."

"왕께서 돌아가신 뒤로 김명 일파는 제륭을 부추겨 왕위에 오르게 하려고 갖은 음모를 하고 있소. 어찌 감히 이런 짓을 할 수 있단 말이오?"

우징은 두 사람의 손을 쥐고 호소하듯 한탄했습니다.

"어디까지나 우리는 균정 님을 왕으로 모실 각오를 하겠소. 왕실을 위해서도 그것이 온당한 것이오."

"부탁하오."

우징은 아버지 균정이 마땅히 왕의 자리에 앉아야 한다고 예징과 김양 두 사람에게 호소했습니다. 그리고 그들의 의견을 들은 다음 굳은 결심을 했습니다. 어떻게 해서든지 반대파의 책략을 물리치고 아버지를 즉위케 하려는 단호한 결심이었습니다.

836년 12월의 일이었습니다. 흥덕왕이 세상을 떠나자, 왕위 계승이 문제가 되었습니다.

조정에서는 왕의 종제(사촌 아우) 균정과 종질(사촌 형제의 아들) 인제륭이 서로 왕위를 계승하려고 다투기 시작했습니다. 또한 신하들이 서로 나뉘어 그들을 지지하고 왕위 계승을 위해 싸움을 벌였습니다.

궁중의 재상들은 말만으로는 일이 결정되지 않을 것을 알자, 드디어 군대를 풀어 실력으로 대결하게 되었습니다.

균정과 제륭의 군대가 각각 동원되었습니다. 궁중에서 화살이 날고 칼이 번쩍였습니다.

제륭을 받드는 김명, 이홍, 배훤백은 균정을 죽이면 자기네 행동이 자유로워질 수 있다 생각하고 균정을 습격했습니다.

처절한 싸움이 벌어졌습니다. 소리치며 달려든 제륭의 군대가 궁 안에서 칼을 내두르고 화살을 날렸습니다. 균정을 받드는 쪽이 밀리기 시작했습니다.

"으악!"

비명과 함께 균정이 쓰러졌습니다. 균정을 위해 적을 막던 김양은 다리에 화살을 맞아 넘어졌습니다.

균정이 왕위 계승 싸움에서 세상을 떠나자 싸움은 끝이 났고,

제륭이 희강왕으로 즉위했습니다.

이러한 불상사를 저지르며 즉위한 희강왕은 그 싸움에서 죽은 자들을 제외하고 살아 있는 사람은 죄를 사해 주기로 했습니다.

그러나 우징이 아버지 균정의 원한을 잊지 않는다는 말을 한 것이 왕의 귀에 들어가게 되어 노여움을 샀습니다. 그냥 있다가는 장차 화를 입을 것이 뻔한 노릇이었습니다. 우징은 생각다 못해 서라벌을 도망쳐 나와 청해진의 장보고를 찾아갔습니다. 장보고에게 가면 그의 강력한 군대가 도와줄 뿐만 아니라 안전한 피난처를 마련해 줄 것으로 믿었던 것입니다.

장보고가 당나라에서 돌아와 처음으로 서라벌에 가서 왕에게 해상 경비의 필요를 아뢰었을 때, 거의 모든 신하가 장보고의 말을 좋지 않게 생각했습니다. 하지만 우징은 장보고의 의견을 따르며, 왕에게 그를 중용하는 것이 옳다고 한 일이 있었습니다. 그런 일로 보더라도 장보고는 우징의 지금 형편을 알면 도와줄 사람이려니 했던 것입니다.

"아, 이렇게 먼 곳으로 어찌 오셨소?"

장보고는 우징을 보고 놀라는 얼굴로 물었습니다. 전에는 시중의 벼슬자리에서 의젓한 모습이던 그가 초라한 꼴로 이런 변방까지 온 것이 보기에도 애처로웠습니다.

"소문 없이 갑자기 찾아온 데에는 까닭이 있소. 악한 무리들이 왕위를 가로채고 충신들을 물리치니 화를 면할 길이 없어, 잠깐 대사의 군진에서 목숨을 보전할까 하고 온 것이오. 이렇게 와서 대사의 도움을 입는 것이 크게 폐가 될 줄은 압니다마는……."

장보고는 우징의 손을 꽉 쥐며 그 말을 가로막았습니다.

"염려 마시오. 변방이라 지내시기에 고생이 될지는 모르겠으나 일신의 위험은 제가 없애 드리리다."

장보고는 목숨에 위험을 느끼고 찾아온 우징을 기꺼이 맞아들였습니다. 우징을 숨겨 주고 있다는 사실이 조정에 알려지는 날에는 장보고도 반역자로 몰릴 것입니다. 그러나 장보고는 그것이 두려워서 우징을 쫓아내는 짓을 하지 않았습니다.

왕위를 뺏으려는 싸움에서 숙부를 죽이고 왕이 된 희강왕과 그의 일파에 대해 적지 않은 반감까지도 느끼는 장보고였습니다. 만일의 경우 조정에서 장보고를 벌하려 한다면 그때에는 이쪽에서도 할 말이 있고, 또 부득이한 경우에는 우징과 한 패가

되어 싸울 각오도 한 것이었습니다.

　한 달 후에 장보고는 또 예징과 양순 일당이 도망온 것을 받아들였습니다. 그들 역시 희강왕을 반대했던 무리라 목숨의 안전을 위해서는 우징과 같이 보호를 받지 않고서는 견딜 수가 없었던 것입니다.

　그들은 장보고의 군대를 보고 크게 안심했습니다. 엄청난 군대와 날카로운 무기가 정부 군대에 비할 바 아님을 알았기 때문입니다.

반역

제륭이 희강왕이 된 지 3년째 되던 해인 838년 정월.

희강왕은 정적을 죽이고 왕이 되었지만 그도 편안치가 않았습니다. 상대등 김명과 시중 이홍이 그들의 권세를 보전하기 위해 왕과 가까운 사람들을 마구 죽이자, 괴로움을 이기지 못하고 고민하다가 자살을 한 것입니다. 왕이 죽자, 김명은 스스로 권좌에 올라 민애왕이 되었습니다.

나라가 이 꼴이 되자, 균정을 받들었기에 그동안 많은 고생을 하던 김양은 극악무도한 민애왕을 무찌르기로 결심했습니다. 그래서 숨어 있는 우징과 예징, 양순 등을 데려와야겠다고 생각하고 몰래 군대를 모아 이끌고 청해진으로 내려갔습니다.

김양으로부터 김명이 왕위를 뺏아 즉위했다는 말을 들은 우징은 부르르 떨며 소리쳤습니다.

"간악한 무리들이 끝내 하는 짓이 그것이로구나. 이놈들의 원수를 갚지 않고서는 하늘의 해를 볼 수 없다."

"옳은 말이오. 어찌 그들을 왕으로 모시고 살 수 있겠소?"

김양은 우징에게 은근히 거사할 것을 청했습니다. 하지만 그러기 위해서는 군대의 힘이 필요했습니다. 김양이 모아 둔 군사로는 도저히 가능하지 않다는 것을 우징은 잘 알고 있었습니다.

"내가 장 장군에게 청을 해 보겠소. 승낙만 하면······."

"그럴 수만 있다면 나라를 바로잡을 수 있을 것이오."

우징과 김양은 조용한 시간에 장보고와 마주 앉았습니다. 2월 찬바람에 바다는 무거운 소리로 울부짖고 있었습니다.

"오늘 내가 장군에게 청하는 것이 지나친 일인지 모르겠소. 혹시 들어줄 수 없더라도, 이런 청을 한 나를 과히 나쁘게 생각지는 마시오."

"무슨 말씀이오? 내 힘으로 할 수 있는 일이라면······."

"다른 것이 아니오. 김명이 왕을 죽이고 스스로 민애왕이라

일컫는 것은 신하로서 당치 않은 짓이고, 이홍 역시 임금을 죽였으니 모두 용서하지 못할 나의 원수들이오. 이 원수를 갚는 데는 오직 장군의 힘을 빌리지 않고는 불가능하오. 장군의 뜻을 알려 주시오."

장보고의 대답을 기다리는 우징과 김양의 눈은 복수심에 불타고 있었습니다.

일어나 원수를 갚느냐, 아니면 이대로 죄인의 구렁에서 숨어 살아야 하느냐의 두 갈래 길은 장보고의 말 한 마디에 정해지는 것입니다. 강한 군대를 가진 장보고가 그들을 위해 협력만 한다면 간악한 자를 능히 몰아낼 수 있습니다.

장보고는 바위같이 앉아서 말이 없었습니다. 초조한 마음으로 기다리는 우징과 김양에게 이윽고 귀를 울리는 음성이 들려왔습니다.

"옛 사람의 말씀에, 의를 보고 용감하게 나서지 않을 수 없다고 했습니다. 그러니 내가 어찌 그대들의 뜻을 따르지 않을 수 있겠습니까? 명령하시오. 오직 명령대로 하겠습니다."

우징과 김양은 물에 빠진 자신들을 건져 주는 사람을 만난 듯

한 기쁨에 얼굴을 번쩍 들었습니다.

"고맙소, 장군! 내가 성공하는 날에는 장군의 딸을 태자비⁽왕자의 아내⁾로 맞아들이리다."

우징이 힘주어 말했습니다.

"고마운 뜻이라 생각합니다. 이제부터는 다른 근심 마시고 거사할 계획을 세우십시다."

장보고는 한번 마음을 정한 이상 주저하지 않고 나설 것을 스스로 다짐했습니다.

우징과 장보고는 그날부터 작전 계획을 세우며 만반의 준비를 해 나갔습니다.

장보고의 옛 친구인 정연은 그즈음 신라로 돌아와 있었습니다. 장보고는 친한 친구에게 군대를 주어 어지러운 왕실을 바로잡아야겠다고 생각하고 정연을 불렀습니다. 그리하여 이번에 거사하게 된 까닭을 자세히 말하고 도움을 구했습니다.

"장 장군은 나의 친구이자 동시에 동지였소. 장군의 명령이라면 무슨 어려움이 있다 하더라고 즐거이 좇겠소."

정연도 쾌히 승낙했습니다. 장보고는 군사 오천을 정연에게

주었습니다.

그해 12월. 김양은 염장, 장변, 정연, 낙금, 장건영, 이순행 등 여섯 장군과 함께 군사를 거느리고 무주 철야현(지금의 나주)으로 진격해 나갔습니다. 이들 반정군이 쳐들어온다는 소문을 들은 민애왕은 부랴부랴 김민주에게 군사를 주어 마주 싸우게 했습니다. 그러나 반정군을 당해 내지 못하고 패해 버렸습니다.

민애왕 2년 윤정월에 김양의 군대는 달구벌(지금의 대구) 언덕에 이르러 진을 쳤습니다.

민애왕은 반정군의 세력에 두려움을 느끼고 있었습니다. 관군으로 이들을 막지 못하는 날에는 자신의 생명도 끝이 난다는 생각이 밤낮으로 가슴을 서늘하게 했습니다.

김명은 균정을 죽여 제륭으로 하여금 왕위에 오르게 한 다음, 그 왕까지 죽게 하여 스스로 민애왕이 되었습니다. 그러므로 자기가 저지른 일이 가혹한 복수의 칼날이 되어 몸 가까이 닥친 것을 깨달았던 것입니다.

민애왕은 반정군을 결사적으로 막으라고 명령했습니다. 그러나 그 군사도 김양의 군사에게 크게 패하여 뿔뿔이 도망쳐 버렸습니다. 이제는 더 믿을 데가 없었습니다. 김양의 군사는 수도인 서라벌로 밀물처럼 쳐들어오고 있었습니다.

민애왕은 혼비백산하여 궁전을 뛰쳐나와 성 밖에 있는 큰 나무 밑으로 숨었으나, 거기도 안전하지 못했습니다. 다시 자리를 옮겨 숨어 있던 민애왕은 벌떼같이 달려든 군사들에게 잡혀 최후를 마치고 말았습니다.

장보고의 승리는 곧 우징의 승리였습니다. 우징은 아버지의 원수를 갚았을 뿐 아니라 신무왕으로 왕위에 올랐던 것입니다.

이때가 바로 839년이었습니다. 신무왕은 자기를 위해 싸워 준 장보고에게 땅 이천 호를 주어 거기서 걷는 세금을 쓰게 하고, 감의군사라는 벼슬을 주었습니다.

그러나 원수를 갚고 임금이 된 우징은 같은 해 7월에 갑자기 병으로 세상을 떠나고, 아들 경응이 왕위를 계승하게 되었습니다. 그가 문성왕입니다.

문성왕은 장보고의 은혜를 잘 알고 있었습니다. 어떻게든지 장보고의 마음을 위로해 주고 싶어했습니다.

"청해진 대사 장보고는 군사를 일으켜 선왕의 적을 무찔렀으니, 내 어찌 그 공을 잊으랴."

 문성왕은 장보고를 진해장군으로 봉했습니다. 이와 같이 신무왕이나 문성왕이 장보고에게 가장 높은 상을 준 것은 그가 이룬 공을 알기 때문이었습니다.

그러나 문성왕을 둘러싸고 있던 귀족 출신의 신하들은 장보고를 항상 두려워하고 싫어했습니다. 그것은 장보고의 군사가 정부의 군사보다 더 강하기 때문이었습니다. 그들은 모여 앉으면 장보고에 대한 이야기를 주고받았습니다.

"그 사람의 속을 알 수 없소. 귀족이 아닌 미천한 가문에서 난 자이니 언제 무슨 짓을 할지 모르는 것이오."

"그렇소. 그 자에게 강대한 군사가 있다는 것은 나라에 수치가 되는 일이오."

"게다가 임금님께서 장보고에게 높은 벼슬까지 내리셨으니, 우리 같은 사람을 깔보고 도리에 맞지 않는 짓을 할지 누가 아오?"

"아무튼 장보고의 거동을 잘 살펴야 하오. 힘을 가진 자는 항상 남을 해치기 쉬운 것이니, 어떻게든지 그 세력을 꺾을 방도를 찾아야 할 것이오."

이런 공론을 하고 있는 신하들은 사실은 자기들보다 강한 힘을 가지고 있는 장보고를 해치려고 하는 자들이었습니다.

지켜지지 않은 언약

세월이 흘러갔습니다. 문성왕이 즉위한 지도 이미 여러 해가 지났습니다.

그동안 청해진의 장보고는 마음 한구석에 지워 버릴 수 없는 허전한 느낌을 지니고 있었습니다. 그것은 자기가 도운 신무왕이 언약해 준 일이 그냥 물거품처럼 사라지고 있기 때문이었습니다.

신무왕 우징은 장보고에게 와서 피신해 있다가 반정 거사를 계획할 때 한 가지 약속을 했습니다.

"내가 성공하면 장군의 딸을 태자비로 맞아들이리다."

하지만 그런 약속은 신무왕의 죽음으로 이루어지지 않았고,

뒤를 이은 문성왕은 지금까지도 아무런 말이 없었습니다.

바다의 왕자로 외국까지 이름이 높아진 장보고는 외국 무역과 나라에서 준 상으로 아무 부족함이 없는 생활을 해 오고 있었습니다. 그러나 마음속에서는 자기 딸을 왕비로 데려가겠다던 언약이 물거품으로 사라지는 것이 못내 불만스러웠던 것입니다.

장보고는 생각다 못해 왕에게 자기의 뜻을 알리는 편지를 보냈습니다.

외람된 일이라 생각하고 그냥 덮어 두려 하였사오나, 선왕의 언약이 너무도 간절하였고 그 언약을 믿은 마음이 또한 간절하였기로 이제 이런 글을 올리는 바이니 잘 처리해 주시기를 바라옵니다…….

하지만 왕으로부터 회신은 기다려도 기다려도 오지 않았습니다. 나라에서 가장 높은 이요, 마음만 있으면 못 하는 일이 없을 왕이 언약을 저버리다니! 장보고는 차츰 원망의 마음이 깊어 갔습니다.

이 사정을 아는 정연이 장보고에게 넌지시 말했습니다.

"내가 가서 장군의 뜻을 전하고 대답을 받아 오겠소."

장보고는 사양할 염치보다는 반가움이 앞섰습니다.

"부탁하오. 내가 올린 편지에 이렇다 저렇다 말도 없어 무척 답답하던 참이오."

정연은 곧 서라벌로 길을 떠났습니다.

신무왕의 왕비였던 정종 태후는 신무왕이 세상을 떠난 후로 평의전 뒤뜰 깊숙한 별당에서 한가로이 세월을 보내고 있었습니다. 정연이 정종 태후를 만나려 하자, 내시들은 그를 들어가지 못하게 했습니다.

"왜 나를 막느냐?"

정연이 내시들을 꾸짖으며 마구 들어갔습니다.

"태후께서는 아무나 만나는 분이 아니오. 못 들어가오."

한 내시가 앞을 가로막으며 말을 듣지 않았습니다.

정연은 칼을 빼어 내시를 치고 평의전으로 들어섰습니다.

"청해진에서 온 정연이 문안드리오."

정연은 공손히 절하고 말을 이었습니다.

"태후 마마께옵서는 청해진 장 장군의 외동 따님을 기억하고 계시나이까?"

이 말에 태후는 정색을 하며 말했습니다.

"어찌 그 애를 잊었겠소. 그러지 않아도 그 일을 생각하고 있던 참이오."

"기억해 주시니 황공하옵니다."

"나도 청해진에 있을 때 그 애를 본 바 있어 영리한 아이라 생각했소. 그곳을 떠나올 때 후일 부르리라 했는데, 세상일이 모두 뜻과 같지 아니하여 여태 부르지 못했소."

"그런 줄 짐작하였나이다. 하오나 장 장군은 선왕께서 하신 언약을 여태 잊지 못하고 있다 하옵니다. 그래서 전날에도 글월을 올렸는데, 아무런 기별이 없었다 합니다. 그러기에 소신이 이렇게 찾아온 것이옵니다."

이 말에 태후는 자못 초조한 안색을 보이면서도 조용히 말했습니다.

"내가 약속을 이행치 못하여 무슨 말을 할 면목이 없어 회신을 보내지 못했소. 곧 좋은 소식을 보내도록 할 터이니 그리 아오."

"황공하옵니다. 그러면 이대로 돌아가 장 장군에게 전하겠나이다."

정연은 태후의 말에 희망을 걸고 그 앞을 물러 나왔습니다.

태후는 아들인 문성왕과 이 일을 의논했습니다. 아버지의 청을 들어 용감히 싸워 준 은인 장보고와 약속을 어기는 것은 마음에 거리끼는 일이 아닐 수 없었습니다.

문성왕은 드디어 언약을 실행할 결심을 했습니다. 왕은 신하들을 불러 놓고 이 일을 의논했습니다. 왕이 자신의 아내를 정하는 일은 곧 나라의 일이라 신하들의 뜻을 묻지 않을 수 없었습니다.

"장보고 장군의 딸을 둘째 비로 삼으려 하오. 이는 선왕께서 장 장군과 언약한 바이고 장군의 공이 또한 크니, 내 어찌 그 뜻을 저버릴 수 있으리오. 경들은 이 일에 뜻을 모아 주길 바라오."

신하들은 모두 얼굴을 서로 돌아보며 의아한 표정을 지었습니다. 그들은 장보고를 경계하고 있었습니다. 만약 장보고의 딸이 왕비로 들어온다면 자기네들에게 큰 위협이 될 것으로 알고 있는 사람들이었습니다.

한 신하가 정중한 어조로 아뢰었습니다.

"예로부터 부부가 되는 데에는 여러 가지 조건이 있사옵니다.

높으신 분이 미천한 섬사람의 딸을 배필로 맞으시는 것은 왕실에 있을 수 없는 일인 줄로 아뢰옵니다."

이 말에 다른 신하들도 모두 허리를 굽히며 맞장구를 쳤습니다.

"인륜 대사에 어찌 가문을 보지 않고 정하실 수 있사오리까? 장보고는 비록 많은 군사의 힘을 가진 장군이라 하나, 섬에서 난 미천한 인물이옵니다. 그런 사람의 딸을 왕실에 들인다는 것은 신라 왕가의 부끄러움이 될 줄로 아오니, 부디 깊이 생각하시옵소서."

누구 하나 왕의 생각에 따라 주는 사람이 없었습니다.

왕은 곰곰 생각하다가 마음을 돌렸습니다. 만일 신하들의 의견을 듣지 않고 장보고의 딸을 왕비로 맞이했다가는, 가문을 따지는 귀족들의 비웃음만 살 것 같아서였습니다.

슬픈 최후

장보고는 바다가 환히 내려다보이는 뜰을 혼자 왔다 갔다 거닐고 있었습니다.

정오를 지난 바다는 물결이 한결 높았고, 갯냄새 풍기는 바람은 장보고의 옷깃을 깃발처럼 날리고 있었습니다.

묵묵히 뜰을 거니는 장보고의 마음도 깃발처럼 흔들리려 했습니다. 장보고는 흔들리려는 마음을 꾹 누르며 입술을 힘주어 물었습니다.

바다는 수천수만의 함성 같은 소리를 지르고 있었습니다. 넓은 바다에서 항상 듣던 파도 소리였지만, 오늘은 무언지 뜻있는 말을 걸어 주는 것만 같았습니다.

물결 위에서는 왕같이 뽐낼 수 있는 장보고였습니다. 나라를 넘보고 우리 배를 습격하여 재물을 빼앗아 가는 해적의 무리와 어린 소년 소녀들을 납치하던 도둑들을 깨끗이 쓸어버렸습니다. 그 덕분에 바다 위에서 신라의 위세가 드높았습니다. 장보고는 당시 신라 왕보다도 권력이 더 막강했습니다.

장보고는 일본과 당나라에 큰 무역을 하여 수많은 재물과 보배를 벌어들여 나라 살림을 도왔습니다.

바다에서뿐입니까. 조정에 어지러운 일이 있을 때 그의 군사는 헝클어진 것을 바로잡아 남을 죽이고 왕이 된 자까지 쳐부수지 않았습니까.

이제는 높은 벼슬까지 받은 몸이니 더 바랄 것이 없었습니다. 그러나 왕이 장보고의 딸을 비로 맞이하려 하고, 대비가 또한 그러기를 바라고 있는데도, 귀족 출신의 신하들이 이를 반대하여 결국 언약이 수포로 돌아가게 되었다는 소식에는 분함을 참을 도리가 없었습니다.

세상에 어려운 일, 힘든 일을 두려워하지 않고 해낸 장보고였건만 딸한테는 항상 미안했습니다.

'괘씸한 것들! 지난날에는 내 힘을 빌려 왕위에 오르고 높은 벼슬자리에 앉게 된 자들이 이제 와서는 손바닥을 뒤집듯 신의를 저버리다니! 귀족이라는 것처럼 신의를 모르는 자들이 어디 있으랴!'

장보고는 주먹으로 손바닥을 치며 분해했습니다. 쏴아 하고 밀려오는 바다 물결을 바라보는 그의 눈에서 눈물이 스며 나오고 있었습니다.

그로부터 장보고의 태도는 적지 않게 달라져 보였습니다. 믿을 것 없는 세상에서 내가 누구를 위해 목숨을 걸고 싸우며 누구를 떠받들어 존경하랴 하는 마음이 들었던 것입니다. 장보고의 눈매는 점점 사나워져 가는 것 같았습니다.

조정에서는 장보고가 심상치 않은 생각을 품고 강력한 군사로 언제 어떤 일을 저지를지 모른다는 걱정을 하게 되었습니다. 특히 장보고의 딸을 비로 모시지 못하게 반대한 귀족들은 날이 갈수록 더 두려움을 느꼈습니다.

만일에라도 장보고가 실력으로 자기네들을 공격해 오는 날에는 반드시 화를 면할 수 없음을 알고 있었습니다. 아무리 군사를 동원해서 막는다 해도 장보고의 군사에게는 당해 낼 수 없음을 알고 있는 그들이었습니다.

 신하들은 겉으로는 아무 일이 없는 하루하루가 더욱 불안스러워 견딜 수가 없었습니다.

 "청해진 대사를 어떻게 하는 것이 좋겠소? 아무리 생각해도 그가 잠자코 있을 것 같지 않소."

 "나도 그게 걱정이오."

 "이제 와서 별도리가 없지 않겠소. 마지막 방법을 쓸 수밖에······."

 "그것이 어떤 방법이오?"

 신하들이 모여 앉아 이런 의논을 하고 있었습니다.

 한 가지 방법이 있다고 하는 한 신하의 말에 다른 신하들의 귀가 번쩍 띄었습니다.

 "다들 알고 있다시피 청해진의 세력은 조정을 누를 수도 있는 지나치게 큰 세력이오. 그들 앞에서 실력으로 대항하다가는 불상사가 나고 말 것이오. 그러니 실력을 가지고 대할 것이 아니라······."

이렇게 말하던 신하는 잠시 말을 끊고 주위를 돌아보았습니다.

"어서 말해 보시오."

여러 신하들의 눈이 갑자기 빛났습니다.

"구태여 많은 군사를 동원시켜 그를 칠 것이 아니라, 한두 사람의 힘으로 하면 소란함이 없이 쉬 성공할 것이오."

듣고 있던 신하들이 고개를 끄덕였습니다. 실력이 없는 자가 남을 쓰러뜨리기 위해서 암살이라는 비겁한 방법을 취하기로 한 것입니다. 그들은 그것이 왕실을 위하는 일이라면서 부끄러워하지 않았습니다.

"좋은 생각이오. 그러나 누가 가서 그 일을 해내겠소?"

시중이 자못 걱정스런 듯이 물었습니다.

"그것을 할 만한 사람이 있습니다. 내가 잘 아는 사람 중에 염장이라는 사람이 있습니다."

"그 사람은 믿을 만하오?"

"내 손발처럼 움직일 사람이니 염려할 것 없습니다."

"그렇다면 참 다행한 일이오. 그러나 방법을 묘하게 쓰지 않으면 후환이 있을지도 모르는 일이오."

"그렇습니다. 자객을 보냈다가 실패하는 날에는 그야말로 큰 야단이 나고 말 것입니다. 그렇게 되면 이런 모의를 한 신하들은 모두 몰살을 당할지도 모릅니다. 여러 사람의 얼굴에는 불안의 그늘이 스쳐 갔습니다.

"내 의견을 말하리다. 염장을 청해진으로 보내되, 조정을 배반하고 장보고에게 붙으러 간 것 같이 하여 그의 환심을 사게 하는 것이오. 그러면 어렵지 않게 해치울 수 있을 게 아니오?"

신하들이 또 한 번 고개를 끄덕였습니다.

"과연 그 의견이 좋소."

"염장을 보낼 때에는 장수를 딸려 보내는 것이 좋습니다. 혼자서는 안심할 수 없으니까······."

이런 의논을 한 신하들은 그제야 마음 놓고 살 수 있을 것 같아 모두 입가에 미소를 띠었습니다.

며칠 후 염장은 날랜 장수 몇 명을 데리고 청해진으로 갔습니다. 장보고는 손님이 왔다는 말에 그가 누군지 물었습니다.

"전에 장군님 밑에서 일했던 염장이라 하옵니다."

우징을 도와 군사를 일으켰을 때 활약한 염장이 지금은 조정에서 장수로 있는데 무엇 하러 온 것이냐며 반갑지 않은 얼굴로 장보고가 물었습니다.

"임금을 원망하고 장군 밑에서 일하려 한다 하옵니다."

　장보고는 왈칵 치미는 화를 억제하지 못하여 큰 소리로 꾸짖었습니다.

　"간사한 무리들이 왕에게 간하여 내 딸을 맞아들이지 못하게 하고, 이제 어찌 나를 보러 왔는지 모르겠구나. 부끄럽지도 않느냐고 전하라."

하인이 나가서 염장에게 그 말을 전했습니다. 염장은 자기는 그러지 않았고 오로지 다른 신하들이 한 일이니 오해하지 말아 달라고 부탁했습니다.

여러 간사한 신하들이 그 일에 반대를 했는데 염장이란 사람은 그러지 않았다는 말에 장보고는 의심하기보다 오히려 고마움 같은 걸 느꼈습니다.

면회를 허락 받은 염장이 장보고 앞에서 찾아온 뜻을 말했습니다.

"조정에서 하는 일이 모두 내 마음에 맞지 않아도 참고 견디었습니다. 그러나 이번에는 임금의 뜻을 거스른 바 되어 더 있을 수 없어서 장군에게 있기를 원하고 온 것이오. 부디 박대하지 마시기 바랍니다."

장보고는 잠시 어리둥절했으나 곧 마음을 결정했습니다.

"박대할 리 있겠소. 지금 왕실에 대해서는 나도 마음이 떠났소. 간신들과 사이가 좋지 않다는 그대를 내가 보호하지 않으면 누가 보호하겠소?"

장보고는 염장을 안내하고, 곧 잔치를 베풀어 그를 대접하기로 했습니다. 그러면서 울적하던 마음에 염장이 온 것을 다행으로 생각했습니다. 왕의 미움을 사서 피해 온 사람과는 같이 술을 마시며 이야기도 나눌 수 있으리라 생각했습니다. 장보고와 염장은 잘 차려진 술상을 마주하고 앉아 잔을 들었습니다.

잔을 거듭함에 따라 술기운이 온몸에 퍼져 왔습니다. 다른 때 같으면 웬만한 술에는 끄떡도 안 할 장보고였지만, 마음에 괴로움을 느끼던 참이라 더 빨리 취하는 것이었습니다. 그러나 염장은 겉으로만 취한 체할 뿐 속은 말짱하여 주위를 살피기에 바빴습니다.

장보고는 취한 눈을 지그시 감고 생각에 잠겨 있었습니다. 어릴 적 일이 눈에 선히 떠올랐습니다.

같은 마을 소년들과 더불어 배를 타고 먼 당나라로 가던 일, 남의 집살이를 하며 당나라에서 무예를 닦던 일, 무관으로 뽑혀 무령군 소장이 되었던 일…….

그런 추억들은 아름다운 것이었습니다. 가난한 섬의 소년으로 태어나 애써 노력하여 이루어진 출세였습니다.

또한 당나라 벼슬을 버리고 신라의 바다를 지킬 각오로 귀국하여 청해진 대사가 된 후로 푸른 파도와 싸우며 바다의 적들을 쓸어버린 일은 장쾌한 추억입니다. 군사들을 훈련시키고, 배로 일본과 당나라와 무역을 성히 하여 외국에까지 실력이 널리 알려진 일은 하나의 영화라고나 할까요.

그러나 왕실을 위해 목숨을 걸고 싸운 일부터는 쓰디쓴 추억이었습니다. 배신당한 마음은 잊으려 해도 좀체 잊혀지지 않았습니다. 우징에게 병력을 주어서 그 아버지의 원수를 갚게 한 후에는 도리어 버림을 받은 기분에 언제나 입맛이 썼습니다. 우징은 왕이 되면 자기 딸을 태자비로 맞아들이겠다고 했습니다. 그러나 그는 왕이 되고 몇 달을 못 가서 병으로 세상을 떠났습니다. 언약을 이행할 시간도 없이 말입니다.

그 태자가 지금 왕위에 올랐습니다. 그러니 선왕의 언약이 이루어질 수도 있건마는, 간사한 귀족들이 반대를 하여 기대는 완전히 허물어지고 말았습니다.

"왕족이란 신의 없는 인간들이야. 입으로만 번듯하게 지껄이는것이 왕족이지."

장보고는 혼잣말처럼 중얼거렸습니다. 염장이 술잔을 들고 대꾸했습니다.

"그렇소이다. 그들은 신의가 없소이다. 내가 이렇게 장군에게 신세를 지는 것도 그들 때문이올시다."

장보고는 염장의 말에 힘있게 답했습니다.

"신세가 무어요. 잘 왔소. 나를 찾아 주어 오히려 고맙소."

장보고는 점점 염장을 마음으로 받아들이게 되었습니다.

"고맙습니다. 이렇게까지 생각해 주시니 무어라 감사의 예를 올려야 할지 모르겠소이다."

염장은 장보고에게 잔을 권했습니다. 술잔을 받은 장보고는 유쾌한 듯 그 잔을 죽 들이켰습니다.

때가 가까워 오고 있었습니다.

장보고가 비스듬히 의자에 몸을 기댄 채 취한 눈을 감고 옛 추억을 더듬는 듯했습니다.

염장이 슬며시 자리에서 일어났습니다. 염장은 가만히 장보고의 옆으로 가더니 허리에 찬 장보고의 칼을 쑥 뽑아 그의 가슴을 콱 찔렀습니다.

"으악!"

장보고가 소리치며 눈을 번쩍 떴습니다. 장보고의 가슴에 꽂힌 긴 칼에서 피가 솟구쳐 올랐습니다. 장보고는 염장을 무섭게 노려보고는 푹 쓰러지고 말았습니다. 846년의 일이었습니다.

"자객이다!"
"장 장군을 찔렀다!"

청해진 군사들이 소리치며 달려들었을 때, 염장은 미리 데리고 간 장수와 함께 반석같이 버티어 서서 호령을 했습니다.

"다들 듣거라. 장 장군은 청해진 대사로 나라를 위해 일한 바 컸지만, 이제 임금을 죽이고 그 자리에 앉으려 일을 꾸미고 있으므로 내가 죽인 것이다. 임금을 해치고 자신의 영화를 누릴 생각이 있는 자는 내게 대항하라! 아니면 조용히 물러가는 것이 좋을 것이다."

달려들던 군사들이 이 말에 걸음을 멈추었습니다. 왕의 자리를 탐냈기 때문에 죽였다는 염장의 거짓말에 순간 멈칫한 것입니다. 염장은 이를 틈타 급하게 도망갔습니다.

뒤늦게 염장에게 대항하려던 군사들도 그들을 잡지 못했습니다. 나중에는 온 섬사람들이 들고일어났습니다.

염장과 그의 패거리는 섬사람들의 맹렬한 공세가 있자 어둠을 타고 일본으로 도망치고 말았습니다. 그들은 장보고의 세력이 무서워서 장보고를 죽였습니다.

851년, 조정에서는 장보고가 힘써 이룩한 청해진을 폐지해 버렸습니다. 이리하여 한때 바다의 왕자로 활약하던 장보고의 죽음과 함께 신라의 국운도 기울어지기 시작했습니다. 신라는 장보고의 힘으로 한동안 빛을 발하다가, 그가 죽자 그 빛이 사라져 한달음에 망국의 내리막길로 곤두박질친 것입니다.

그 옛날 아득한 시대에 작은 섬에서 태어나 바다를 호령하며 세계로 나아갔던 해상왕 장보고.

애석하게 죽고 말았지만, 그는 시대를 뛰어넘어 지금 새롭게 우리의 가슴속에 되살아나고 있습니다. 바다의 강한 힘으로 말입니다.

이원수 선생님이 들려주는 **해상왕 장보고**

제1판 제1쇄 발행일 2003년 10월 30일
제1판 제22쇄 발행일 2013년 6월 28일
개정판 제2쇄 발행일 2021년 11월 22일

글쓴이 · 이원수
그린이 · 허구

펴낸이 · 곽혜영
주　간 · 오석균
편　집 · 최혜기
디자인 · 소미화
마케팅 · 권상국
관　리 · 김경숙
펴낸곳 · 도서출판 산하 | 등록번호 · 제300-1988-22호
주소 · 03385 서울시 은평구 연서로26길 27. 2층. 대한민국
전화 · (02)730-2680(대표) | 팩스 · (02)730-2687
홈페이지 · www.sanha.co.kr | 전자우편 · sanha0501@naver.com

글ⓒ이정옥. 2002

ISBN 978-89-7650-446-3 74810
ISBN 978-89-7650-610-8 (세트)

* 이 도서의 국립중앙도서관 출판시도서목록(CIP)은 e-CIP홈페이지(http://www.nl.go.kr/ecip)와
　국가자료공동목록시스템(http://www.nl.go.kr/kolisnet)에서 이용하실 수 있습니다. (CIP제어번호 : CIP2015004233)
* 이 책의 내용은 저작권자나 출판사의 동의 없이 사용할 수 없습니다.
* 8세 이상 어린이를 위한 책입니다.